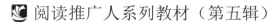

阅读推广人系列教材（第五辑）

中国图书馆学会　编
王余光　霍瑞娟　李东来　总主编

国外图书馆
阅读推广

李世娟　等　编著

Oversea Library

Reading

Promotions

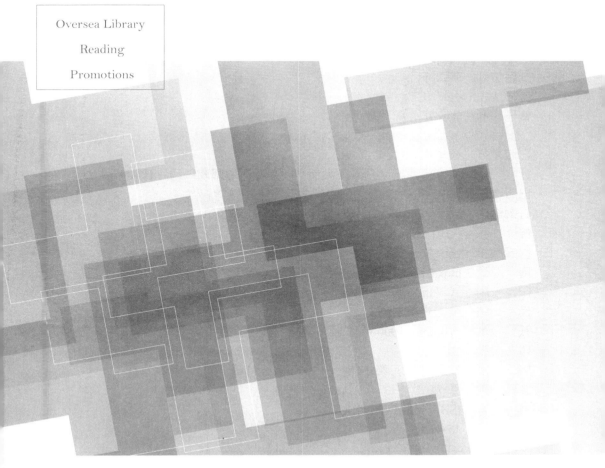

朝华出版社
BLOSSOM PRESS

图书在版编目（CIP）数据

国外图书馆阅读推广 / 李世娟等编著 . -- 北京：
朝华出版社 , 2020.8
阅读推广人系列教材 . 第五辑
ISBN 978–7–5054–4572–7

Ⅰ . ①国⋯ Ⅱ . ①李⋯ Ⅲ . ①图书馆—读书活动—国
外—教材 Ⅳ . ① G252.17

中国版本图书馆 CIP 数据核字（2020）第 050450 号

国外图书馆阅读推广

李世娟　等　编著

选题策划　张汉东
责任编辑　孙　开
责任印制　张文东　陆竞赢

出版发行　朝华出版社
社　　址　北京市西城区百万庄大街 24 号　　　　　邮政编码　100037
出版合作　（010）68995593
订购电话　（010）68996050　68996618
传　　真　（010）88415258（发行部）
联系版权　zhbq@cipg.org.cn
网　　址　http://zhcb.cipg.org.cn
印　　刷　武汉市新华印刷有限责任公司
经　　销　全国新华书店
开　　本　710mm×1000mm　1/16　　　　　　　　字　　数　144 千字
印　　张　10
版　　次　2020 年 8 月第 1 版　　2020 年 8 月第 1 次印刷
装　　别　平
书　　号　ISBN 978–7–5054–4572–7
定　　价　45.00 元

阅读推广人系列教材
编委会

总　序

　　由中国图书馆学会（以下简称"中图学会"）主持编写的丛书"阅读推广人系列教材"，是中图学会"阅读推广人"培育行动的一部分。

　　自 2005 年中图学会设立科普与阅读指导委员会（2009 年更名为"阅读推广委员会"）以来，各类型图书馆逐步重视开展阅读推广活动，并取得了丰硕的成果。在阅读推广过程中，很多图书馆面临不少问题，其中没有适合从事阅读推广的馆员是一个重要问题，而这对图书馆阅读推广活动能否持续、有效、创新地开展，将产生重要的影响。

　　鉴于此，中图学会阅读推广委员会于 2013 年 7 月，在浙江绍兴图书馆举办了"首届全国阅读推广高峰论坛"。这一论坛的目的是为图书馆免费培训阅读推广人，造就一支理念新、专业强、技能高的阅读推广人才队伍。首届论坛获得了图书馆界同人极高的评价。此后，在 2014 至 2015 年，中图学会阅读推广委员会又在常熟、石家庄、镇江、成都、临沂举办了五次免费培训，都取得了良好效果。

　　在绍兴阅读推广人培训之后，中图学会阅读推广委员会便着手考虑培训的专业化与系统性。为了更好地将阅读推广人培训工作顺利推进，委员会于 2014 年 7月为中图学会制订了《培育阅读推广人行动计划（草案）》。该草案分四个部分：前言、培训课程体系与教材、专家组织、考核与能力证书授予等。关于阅读推广人，"前言"中写道：

　　"阅读推广人"是具有一定资质，可以开展阅读指导、提升读者阅读兴趣和阅读能力的专业与业余人士。

　　全民阅读、阅读推广，是立足中国文化、提高中华民族素质与竞争力的重要举措，近两年来受到政府与社会的广泛关注。为了推动全民阅读工作规范有效开展，培训"阅读推广人"是十分重要与必要的，也是很多机构，如学校、图书馆、大型企业、宣传部门十分需要的。

中国图书馆学会长期以来开展阅读推广活动，积累了丰富的经验，并拥有一批该领域的专家学者，从事全民阅读与阅读推广研究，他们承担课题或从事教育培训，取得了一定的成果，为进一步开展"阅读推广人"的培训、资格认证提供了重要的基础。作为以促进全民阅读，为读者终身学习提供保障为目标和社会责任的图书馆，应当成为阅读推广人培养与成长的摇篮。

中国图书馆学会为了更好地帮助图书馆、学校、大型企业、宣传部门等机构开展阅读推广工作，将阅读推广人培训作为一项长期工作。为了培训工作更好与规范地开展，特制订《培育阅读推广人行动计划》。参加培训的学员，通过一定的考核，中国图书馆学会将授予学员"阅读推广人"资格证书。

2014年12月11日，中图学会阅读推广委员会举办的"全民阅读推广峰会暨'阅读推广人'培育行动启动仪式"在常熟图书馆举行。会上，中图学会正式启动"阅读推广人"培育行动。

在"阅读推广人"培育行动中，教材的编写成为首要任务。这套"阅读推广人系列教材"是国内首套针对阅读推广人的教材。由于没有相关的参考著作，教材可能还存在一些不足。在今后使用过程中，对教材中存在的问题与不足，主编将做进一步的修订与完善。这套教材的问世，对中国阅读推广人的培育将发挥积极的推动作用。

"阅读推广人系列教材" 编委会

前　言

　　20 世纪 90 年代，全民阅读逐步在世界范围内兴起。1995 年，联合国教科文组织将每年的 4 月 23 日确立为"世界读书日"，也称为"世界读书与版权日"。随着国际社会对阅读关注度的日益提升，联合国教科文组织、国际阅读协会等国际性阅读组织形成并开始倡导全球性的阅读活动。经过几十年的发展，阅读推广不仅在美国、英国、日本等图书馆事业和阅读推广活动发展较早的国家日渐繁盛，而且在德国、加拿大、韩国、新加坡、澳大利亚等众多国家也都大有作为。在此背景下，国外图书馆的阅读推广经历了一次再出发，图书馆协会以及专门的阅读推广组织逐渐成为阅读推广的重要力量。

　　本书搜集了国外图书馆阅读推广的相关资料，梳理其发展轨迹，总结其中的规律和特点，以期为我国图书馆阅读推广的发展提供借鉴和参考。

　　首先，在调研国家的选择上涵盖了亚洲、欧洲、美洲和大洋洲有代表性的国家。他们是欧洲的英国和德国，美洲的美国和加拿大，亚洲的新加坡、韩国和日本，大洋洲的澳大利亚，不仅包括了英国、美国、日本等图书馆事业和阅读推广活动发展较早的国家，还包括众多在阅读推广方面卓有成效的国家。

　　其次，对于国外阅读推广的观察提供多元的视角，既关注各国的经典阅读推广活动，也涵盖了各国阅读推广概况、阅读推广主体、阅读推广相关立法。各国政府相继颁布阅读推广相关的政策法规，助推阅读推广在全国范围内实施。阅读推广的主体呈现多元化趋势，政府、图书馆界、出版界、教育机构、大众传媒、医疗健康机构等展开通力合作，不断推出覆盖全国乃至辐射全球的大型、品牌化阅读推广项目，使得阅读推广体系不断成熟并系统化。

最后，国外阅读推广的高效发展离不开学科基础理论的研究和指导。对读者阅读行为和习惯的研究，读者发展理论的应用发挥了不可忽视的作用。英国的全民阅读推广活动均围绕"读者发展"的理念而展开。该理论在 1995 年由雷切尔·冯·里尔提出，它被定义为一种主动介入的实践活动，以增强自信和享受阅读，扩展阅读选择，提供分享阅读经验的机会，并将阅读提升为一种创造性的活动。这一理念在英国全民阅读推广中得到广泛应用，各个阅读推广活动均以提高读者的文化能力为己任，在阅读推广中改变过去只注重作家、作品的狭隘做法，注重培养和扩展读者的阅读视野及品鉴能力，尤其是品读新作品的能力。美国成人教育协会与美国图书馆协会于 1926 年共同组成"成人阅读兴趣与习惯联合委员会"，主持了一系列成人阅读相关研究，并出版了一系列研究成果，认为了解成人阅读兴趣和习惯是图书馆和成人教育机构取得良好服务效果的关键。

随着大型阅读推广项目的开展，对于阅读活动的评估和实证研究也日渐增多，理论研究不断取得进展。为了明确"阅读起跑线"计划的成效，英国 Booktrust 基金会委托学者玛吉·摩尔和巴里·韦德对该活动的成效进行了长达 20 年的跟踪实验研究。研究发现，参加计划的家庭在阅读态度上有正向变化，会经常利用图书馆和进行亲子阅读活动。拥有早期阅读经验的儿童，更能为即将到来的学校生活预先做好准备。

李世娟

2020 年 4 月 2 日

于北京大学燕北园

目 录

第一讲
国外阅读推广概述

　　国外图书馆的阅读推广发端于 1850—1939 年间，当时图书馆业务活动的重点是馆藏建设和馆藏文献管理，有关民众阅读推动与促进的活动被认为是图书馆的"扩展活动"。公益讲座、读书会等阅读活动在欧美、日本等图书馆事业发展较早的国家出现，与民众的阅读动机、阅读习惯和阅读兴趣、阅读资源等相关的研究也逐渐进入图书馆界研究人员的视野。但随着第二次世界大战的爆发，各国图书馆界的阅读推广实践和研究都进入相对停滞的阶段。

　　1945 年"二战"结束，伴随国际社会对阅读问题的关注度日益提升，以联合国教科文组织（UNESCO）、国际阅读协会（The International Reading Association，IRA，现已改名为国际素养协会，The International Literacy Association，ILA）等为代表的国际性阅读组织形成并倡导全球性的阅读活动。在此背景下，美国、日本等阅读推广活动起步较早的国家，其图书馆的阅读推广经历了一次再出发，图书馆协会以及专门的阅读推广组织逐渐成为阅读推广的重要力量。①

　　世界范围内全民阅读的兴起肇始于 20 世纪 90 年代中期，其标志性事件是 1995 年联合国教科文组织（UNESCO）将每年的 4 月 23 日确立为"世界读书与版权日"（又译为"世界读书日"）②。经过二十余年的发展，阅读推广不仅在美国、英国、日本等公共图书馆事业和阅读推广活动发展较早的国家日渐繁盛，而且德国、加拿大、俄罗斯、韩国、新加坡、印度等众多国家也都大有作为，从政府相继颁布阅读推广相关的政策法案，助推阅读推广在全国范围内实施，到政府、图

---

① 吴晞主编．图书馆阅读推广基础理论［M］．北京：朝华出版社，2015：48–49.
② 吴晞主编．图书馆阅读推广基础理论［M］．北京：朝华出版社，2015：51.

书馆界、出版界、教育机构、传媒领域、医疗领域等阅读推广主体多元化并展开通力合作，不断推出覆盖全国乃至辐射全球的大型化、品牌化阅读推广项目，使得阅读推广体系不断成熟并系统化。

图书馆作为履行公共服务职能的文化教育机构，是民众继续教育和阅读的重要基地。在图书馆所具有的各项社会职能中，提倡和推动阅读是其开展社会教育的一个重要方面。综观全球范围内的阅读推广活动，图书馆可以说是推动民众阅读最重要、最有力的组织者和实施者，其中公共图书馆是阅读推广的重要力量。

第一节　阅读推广立法政策保障

阅读推广不仅需要图书馆界、出版界、教育界、民间组织等社会机构广泛参与，同时更需要政府部门的大力倡导和有效组织。政府高度重视并将阅读上升到国家战略发展层面，通过制定相关法律法规，将保障民众的阅读权利、有效满足民众的阅读需求纳入政府职责范围，为阅读推广提供法律保障机制，已经成为众多国家的通行做法。有了立法和政策保障，阅读推广所需要的资金投入、资源配置和配套服务才能最大限度地得以落实。

从纵向上来看，广义的阅读立法包括各个国际组织促进阅读的法律性决议、各国专门性的阅读促进法律和各国某些行业性的法律。[①] 国际组织如联合国教科文组织（UNESCO），1982 年在世界图书大会上提出"阅读社会"的概念，希望建设一个人人有书读、人人爱读书的社会；1995 年，联合国教科文组织（UNESCO）通过 28C/3.18 号决议，将每年的 4 月 23 日定为"世界读书日"，得到世界各国的普遍认可，并被许多国家或地区直接确定为当地的读书日。

专门为推动阅读而立法的国家也不在少数。美国 1998 年通过《卓越阅读法》（Reading Excellent Act），并修改了《中小学教育法》的相关内容，将阅读在教育中的地位上升到了法律高度；2002 年，小布什总统签署了《不让一个孩子掉队》（No Child Left Behind）法案，其中包括针对学前儿童的"早期阅读优先"（Early

---

① 张麒麟. 国外阅读立法对阅读推广的影响研究［J］. 图书情报工作，2015（23）：11.

Reading First）计划，也包括面向学前班到小学三年级儿童的"阅读优先"（Reading First）计划，使得阅读教育法案更加深入和细化。2009 年，美国总统奥巴马延续了小布什的阅读教育政策，签署了《美国复苏与再投资法案》（American Recovery and Reinvestment Act），提出提高学生读写能力的综合性计划，并规定在小学阶段广泛开展阅读活动、实施新的阅读课程，对教师进行强化培训。日本针对阅读推广制定了两部法律，其一是 2001 年通过的《关于推进儿童读书活动的法律》，确定了中央政府、地方政府和社会各界的责任与义务，指出要通过制定儿童读书活动计划这一方式来促进儿童的阅读；[1]其二是 2005 年 7 月日本国会通过了《文字、活字及文化振兴法》，该法主要内容之一是推进国语教育和阅读推广，同时将读书周的第一天——10 月 27 日设立为"文字、活字文化日"[2]。韩国也一直重视全民阅读，1994 年即制定了《图书馆与阅读振兴法》，2006 年将《图书馆与阅读振兴法》改为《图书馆法》，将《阅读振兴法》从《图书馆与阅读振兴法》中分离出来，制定了《阅读文化振兴法》，该法于 2008 年 2 月及 2009 年 3 月做了部分修订，旨在通过将阅读渗透进人们的日常生活中来提高国民的知识水平。[3]俄罗斯面对民众的阅读危机，于 2006 年 11 月正式颁布了《国家支持与发展阅读纲要》（National Program for Reading Promotion and Development in Russia），从立法层面肯定了阅读所具有的积极作用，从机构分工、确定发展方案、建立管理办法、等备统一机构和构建评价指标体系等方面提出了俄罗斯发展阅读的基本原则并作出了具有现实针对性的规定。[4]此外，还有墨西哥 2008 年颁布的《促进阅读和图书法》、西班牙 2007 年颁布的《阅读、图书和图书馆法》、巴西 2011 年颁布的《国家图书和阅读计划》等，都是国家层面上的阅读推广专门立法。

除了国际组织促进阅读的法律性决议和各国专门性的阅读促进法律，一些国家还通过修订某些行业性的法律来保障和促进阅读。例如：韩国政府 2006 年将《图书馆与阅读振兴法》改为《图书馆法》，其中明确界定了地方图书馆在图书馆全面发展规划中的职责和重要性，提出地方图书馆要强化阅读教育、将全民阅读

---

① 曹磊 . 日本阅读推广体制研究［J］. 国家图书馆学刊，2013（2）：86.

② 赵俊玲，郭腊梅，杨绍志 . 阅读推广：理念·方法·案例［M］. 北京：国家图书馆出版社，2013：5.

③ 宫丽颖，浅野迪 . 韩国的阅读推广法律政策［J］. 出版参考，2014（11）：16.

④ 张麒麟 . 俄罗斯的阅读立法及其阅读推广实践［J］. 新世纪图书馆，2014（4）：21.

落到实处；日本 2005 年 7 月通过的《文字、活字及文化振兴法》，严格来说是出版领域的立法，但其中也含有阅读推广和促进的条款和内容。

国家层面上出台的阅读推广法律政策，能够引起社会各界对于阅读的高度重视，为全民阅读的积极推广提供重要保障和方向性指引，促进包括政府、图书馆、出版界、社会机构等都积极加入阅读推广的行列，从而使阅读活动取得较好的成效。此外，阅读立法还能将阅读更好地融入现有的教育体制中，推动阅读教育成为一种国民的基本素养教育。

第二节　阅读推广主体多元化

除了政府提倡和立法保障，阅读推广主体多元化、全社会上下联动开展阅读推广，也是国外阅读推广活动呈现出来的一个明显特征。政府、图书馆、大众传媒和出版机构、学校、社区、基金会、民间团体、个体志愿者等多方合作，整合各方资源，充分发挥各自的优势与特点，合力策划与组织开展各项阅读活动，以取得阅读推广的组合效益。例如，美国的"大阅读"活动，2006 年由美国国家艺术基金会（the National Endowment for the Arts，NEA）发起，由美国中西部艺术基金会（Arts Midwest）管理，财政资助则主要来自美国博物馆和图书馆服务协会（Institute of Museum and Library Services，IMLS）。NEA、Arts Midwest 和 IMLS 分别作为政府阅读推广机构、民间阅读推广机构和图书馆界的代表，具有广泛的代表性和全国性的号召力，使得美国几乎所有州的众多社区包括乡村地区都参与其中，形成了全国性的阅读盛宴。[①]再如，加拿大的 TD 暑假阅读计划，由加拿大的图书馆与道明银行（TD Bank）集团合作开展，2009 年至 2011 年间道明银行为 TD 暑假阅读计划提供了 270 万美元的资助。[②]

基于自身性质和职能，图书馆在阅读推广中发挥着不可替代的作用。尤其在欧美等发达国家和地区的社区文化中，图书馆扮演着重要角色并发挥着强大的功

---

① 王波，等.中外图书馆阅读推广活动研究［M］.北京：海洋出版社，2017：32–42.
② 闫伟东.欧美图书馆多元化阅读推广模式及其启示［J］.图书情报工作，2013（12）：84.

能，承担着满足民众文化需求、提高国民文化素养、增进社区民众凝聚力等重要任务和使命。从国外多个国家开展的阅读推广活动来看，很多时候图书馆都是不可或缺的参与者，并在推广活动中起到了至关重要的作用，逐渐成为推动民众阅读最主要和最有力的组织者和实施者。

国外不同类型的图书馆都开展了丰富多样的阅读推广活动，其中尤以公共图书馆引人关注。公共图书馆作为政府与民众之间的纽带，与其他类型的图书馆相比有着开展阅读推广所需要的独特优势和条件：首先具有丰富的馆藏资源，且资源的普及性较强，适合不同年龄段、不同文化层次等普通民众使用，这是开展阅读推广的内容保障；公共图书馆的馆舍是基于普通民众的需求而建设的，环境布置通常也围绕着读书或者阅读活动这一核心而设计，因此能够营造出一种既舒适放松又具有浓厚氛围的阅读环境，加之其具有家庭、教室、书店或其他公共场所很难具备的安静，因此读者在其中更容易被激发阅读兴趣并培养良好的阅读习惯；此外，公共图书馆的大多数工作人员数十年如一日坚持在服务读者的第一线，积累了丰富的图书馆实践工作经验，特别是与读者交互的经验，熟悉读者的阅读需求以及读者服务工作的细节，这样能够更好地利用馆藏资源设计出适用于本馆乃至本地区读者的阅读推广活动。

从国外多个国家开展的大型阅读推广项目来看，公共图书馆是阅读推广活动的重要主体。例如，由美国西雅图公共图书馆的华盛顿阅读中心于 1998 年发起的"一城一书"（One City, One Book）活动，经由美国图书馆协会倡导发展到全美，国会图书馆阅读中心及其附属的各州公共图书馆阅读中心都成为此项活动的主要举办者，活动最终取得了巨大的社会反响。截至 2016 年底，美国 50 个州均在全州范围内举办过"一城一书"活动，活动总次数为 2360 次，其中由公共图书馆协助或直接举办的活动为 1852 次，占活动总数的 78%，参与的公共图书馆达到 549 所。[①] 再如，英国的"夏季阅读挑战"（Summer Reading Challenge）活动，是英国阅读协会针对儿童举行的一项长期阅读推广活动，该活动在英国 97% 的公共图书馆中开展，76 万 4 岁至 11 岁的儿童参与其中，每年暑假的活动主题有

○ 贺新乾，王颖纯，刘燕权. 美国公共图书馆阅读推广活动的发展现状与特点分析［J］. 图书与情报，2017（5）：98–99.

所不同，鼓励每个儿童每个暑假阅读 6 本书，该活动是英国目前最大的儿童阅读推广活动。[①]

除了公共图书馆之外，其他类型图书馆开展的阅读推广也值得关注。例如：新加坡南洋理工大学 2008 年启动的学科图书馆博客服务，从 Business、Science、Engineering 等 6 个方面提供了新书推荐、视频列表、书评、数据库更新、最新活动和本地展览会等与阅读密切相关的服务，引导和鼓励读者对学科和科研资料进行深层次研读；哈佛大学图书馆于 2002 年启动了基于专题式数字化馆藏理念的开放馆藏计划，随后又推出在线阅读计划，使读者可以在线阅读由 25 万个网页构成的 1200 本图书和珍贵手稿，鼓励全世界的因特网用户利用这些数字化的珍贵特藏资料。[②]

第三节 阅读推广重视儿童群体

众所周知，阅读对于儿童的成长至关重要。阅读是一切学习能力的核心和基础，阅读可以开发智力、激发学习潜能，良好阅读习惯和较强阅读能力的形成，对于儿童的学习、成长和生活都有着十分重要的影响，为他们长大后适应纷繁复杂、急剧变革的社会打下良好基础。对于儿童阅读的重视，已经成为遍布全世界的一种潮流，多个国家都大力推广儿童阅读。与面向全民的阅读推广一样，儿童阅读推广也是一项系统工程，需要社会不同机构和力量联合起来共同努力。其中，公共图书馆作为儿童教育的第二课堂，是学校教育的延伸和继续，是实施素质教育的重要场所，它理应成为儿童阅读推广的重要阵地。2001 年国际图联（IFLA）和联合国教科文组织（UNESCO）联合颁布的《公共图书馆服务发展指南》（The Public Library Service：IFLA/UNESCO Guidelines for Development）（修订版）指出："公共图书馆负有支持儿童学会阅读、为他们推荐书籍和其他载体材料的特殊责

---

① 裴永刚.媒介融合时代的阅读推广活动研究［M］.北京：中国广播影视出版社，2017：42.
② 程文艳，张军亮，郑洪兰，周红梅.国外高校图书馆推广阅读文化的实例及启示［J］.图书馆建设，2012（5）：47-49.

任"①，由此可见公共图书馆在促进儿童阅读方面承担着重要责任。

从国外开展的阅读推广活动来看，很多国家都非常重视儿童阅读，儿童是其阅读推广的重点人群。在美国，克林顿政府 1997 年发动了"美国阅读挑战"运动（America Reads Challenge），号召全体公民动用一切资源，帮助儿童在三年级结束前能够独立、流利地阅读。②2002 年小布什总统的《不让一个孩子落伍》（No Child Left Behind）法案签署后，政府专门就阅读问题制定了两项方案——针对学前班到小学三年级儿童的"阅读优先"（Reading First）计划，以及专门针对学前儿童的"早期阅读优先"（Early Reading First）计划，规定在 2002 年至 2007 年，每项每年分别投入 9 亿美元和 7500 万美元来提升儿童的阅读能力。③

在英国，英国图书信托基金、伯明翰大学教育学院以及伯明翰的卫生机构和图书馆于 1992 年共同推出的"阅读起跑线"（Bookstart）计划，该计划是世界上第一个专为学前儿童提供阅读指导服务的全球性计划，以让每一个英国儿童都能够在早期阅读中受益并享受阅读的乐趣为基本原则，培养他们对阅读的终身爱好。④2006 年 6 月，英国女王官方生日的主要活动就是阅读推广，让儿童与经典童话中的人物形象互动，活动的目的就是让孩子们重拾经典。在葡萄牙，政府推出"国家阅读计划"：阅读从娃娃抓起——即从 2006—2007 学年开始，安排学前班及 1~4 年级的小学生每天在课堂上阅读一个小时，5~6 年级学生每周进行一次课堂阅读，时间为 45 分钟。⑤

在日本，为了推动青少年阅读，政府在 1997 年修正了《学校图书馆法》，规定学校规模只要超过 12 个班，都必须配备专职的学校图书馆员，并且拨出特定经费用以充实学校图书馆的藏书以及改善设备。1999 年 8 月，日本国会通过正式决议，规定 2000 年为儿童阅读年。在阅读年的活动中，为培养婴幼儿的阅读

---

① 菲利普·吉尔主持的工作小组代表公共图书馆专业委员会编，林祖藻译.公共图书馆服务发展指南［M］.上海：上海科学技术文献出版社，2002.

② 龙叶，刘彦庆，雷英杰.各国国民阅读推广对我国的启示［J］.现代情报，2014（6）：19.

③ 张燕，洪明.从"早期阅读优先"计划看美国学前儿童阅读教育政策的特点与走向［J］.学前教育研究，2010（2）：10–11.

④ 陈永娴.阅读，从娃娃抓起——英国"阅读起跑线"（Bookstart）计划［J］.图书馆理论与实践，2008（1）：101.

⑤ 程亚男.关于阅读推广的几个问题［J］.图书馆研究与工作，2009（4）：2–3.

习惯，日本从英国移植了"阅读起跑线"计划，鼓励新生代父母讲故事给襁褓中的孩子听。① 除上述国家之外，其他如加拿大、法国、挪威、瑞典、芬兰、丹麦、新加坡等国家，也由政府和民间各种组织一道，致力于推广儿童阅读。

虽然儿童是各国阅读推广的重点人群，但是面向其他人群的阅读推广活动也开展得丰富多彩。在面向成年人的阅读推广方面，例如，由英国阅读社发起的"六本书挑战赛"（Six Book Challenge），是一个全国性的成人阅读推广项目，以阅读社的数据库和网络商店为资源支撑，核心工作是组织识字水平不高的成年人利用半年时间读 6 本书，并记录阅读感受和随想，以促进参与者阅读习惯的培养、信息素养的提升以及人格的塑造。该项目一经推出就受到全国图书馆的大力支持，并吸引了 7000 名参与者。②

随着多个国家老龄化趋势的加剧，面向老年人的各项工作也日益得到社会的关注和重视，阅读推广这方面也不例外。为了缓解老年人面临的孤独和心理健康问题，澳大利亚的鲁·里斯（Lu Rees）档案馆设计出一个项目——为老年读者讲童话故事，目的是在讲故事的同时为老年人带来精神激励、自我反思和回忆，从而提高社会互动和个人幸福。在一年的时间里，项目发起人为独立生活的老年人提供了 18 个专题的故事事件，起到了比较好的活动效果。③

此外，国外的阅读推广还关注家庭贫困人群、残障人群等一些特殊群体，比如 2007 年起源于英国的"信箱俱乐部"（Letterbox Club）项目，由英国图书信托基金会（Booktrust）和莱斯特大学合办，该项目面向 7~13 岁的家庭寄养儿童，每年从 5 月到 10 月连续六个月给寄养儿童邮寄装有书籍、数学游戏和其他学习材料的包裹，目的在于提高寄养儿童的阅读能力、自主学习能力等。2007 年至今，参与该项目的寄养儿童逐渐覆盖全英国各个地区，2015 年多达 10597 人。④

① 章红雨.世界各国的推广儿童阅读运动［EB/OL］.［2018–6–30］. http：//www.chinanews.com. cn/cul/news/2009/06–01/1714867.shtml.

② 张淼.成人阅读推广策略研究——以英国"六本书挑战赛"为例［J］.图书馆杂志，2014（4）：58–63.

③ 赵俊玲，郭腊梅，杨绍志.阅读推广：理念·方法·案例［M］.北京：国家图书馆出版社，2013：111.

④ 文意纯.英国"信箱俱乐部"项目评估报告体系及启示［J］.图书馆理论与实践，2017（4）：102.

第四节　阅读推广注重品牌化运作

　　将经济领域的品牌化运作融入阅读推广工作中，能够有效利用品牌效应来增强人们对于推广项目的信赖感，提升推广活动的知名度，并强化阅读推广活动的效果。国外在开展阅读推广活动时，许多机构都注重围绕品牌名称、标志、传播和维系等品牌构成要素来进行品牌化运作，积累了许多成功的案例和经验。

　　以美国教育协会（National Education Association，NEA）1998 年启动的"读遍美国"（Read Across America，RAA）活动为例，活动目标是使青少年成长为优秀的阅读者，让阅读成为他们获得成功的因素之一。活动选取美国著名儿童文学家苏斯博士（Dr Seuss）创作的戴红白相间帽子的猫这一经典卡通形象作为标识，在延续至今所有活动的宣传与装饰上都能见到这个形象，同时活动参与者都会戴上这个帽子，使得戴帽子的猫成为"读遍美国"活动的典型标志与象征。一旦提及"读遍美国"，人们会立即想起戴着帽子的猫、孩子们戴着帽子围在一起听故事的场景。在品牌定位方面，主要是提高青少年的阅读能力，为此组织者鼓励全美各类机构开展形式多样的阅读活动，邀请不同行业和地区的人士为青少年讲故事，分享自己对阅读的理解并介绍自己曾经最热爱的书籍。在品牌传播方面，活动开展时除印制了统一格式的宣传海报外，还在网站主页上提供 Pinterest、Facebook、Twitter、Youtube 等现代交互式工具，以促进活动组织者与参与者之间的交流和沟通。[1]发展至今，"读遍美国"活动已经举办了 21 届，成为全美最具影响力的阅读推广活动，活动连同它的标识一起深入人心。在 2018 年最新一届的"读遍美国"，活动主题是"庆祝一个多元化读者的国家"（Celebrating a Nation of Diverse Readers），其中一项重要内容就是组织数百名三年级和四年级学生身着印有 RAA 标志的五彩 T 恤，到位于华盛顿特区的 NEA 大厅中，参加前后持续一个月的阅读盛宴。阅读的材料则是当前畅销作者和他们的作品，以及 RAA 历年阅读资源库中具有不同特色的 20 位作者的优秀作品。[2]

---

[1] 石继华 . 国外阅读推广的品牌化运作及启示［J］. 图书情报工作，2015（2）：56–60.

[2] Highlights from NEA's Read Across America 2018［EB/OL］.［2018–7–3］. http：//www.nea.org/grants/73502.htm.

  阅读推广品牌化运作的优秀案例还有"2015 俄罗斯联邦文学年"[①]，该项目是俄罗斯重回"阅读大国"和实现文化复兴的重要举措。首先，俄罗斯文学年组委会选择了 3 位享誉世界的俄罗斯作家头像剪影作为徽标，徽标采用俄罗斯国旗红、蓝、白 3 种具有象征意味的颜色，突出了阅读推广主体在品牌意蕴中融入最崇高的情感——爱国主义。项目品牌定位清晰，旨在引导全社会重拾对文学的兴趣，回归阅读，促进社会团结和增强国家认同；围绕这一定位，开展了"作家诞辰日""诗句的生日""卫国战争 70 周年胜利日""我阅读"等阅读推广活动，这些活动有着差异化的具体定位和明确的目标人群，聚合起来可让整个文学年在民众中形成强烈的品牌记忆。在品牌传播过程中，文学年在官网设置了新闻、项目、事件、出版物、信息 5 大栏目，网站下方是文学年信息合作伙伴的 LOGO 和链接，还有 VK、Facebook、Twitter 等交互式社交软件，以促进组委会与读者之间的沟通，并收集反馈意见；文学年各项活动都注重利用重要的节庆日和空间场所，来提升文学年的影响力和品牌形象；此外组委会还善于用公共关系，选择政界要员、体娱明星、知名作家极具影响力的 60 位社会人物进行采访，请他们推荐喜爱的图书和阅读感悟，发挥他们作为阅读形象代言人的激励作用。值得一提的是，在文学年运作的系列活动中，俄罗斯前总统普京都亲自参与，并凭借极高的民众支持率成为文学年最重要的阅读推广大使。

  国外取得成功的阅读推广品牌化运作案例，推广主体都有着强烈的品牌意识，在品牌形象设计上不仅注重独具特色的外在标识，还十分重视标识中所蕴含的独特文化功能和意蕴，以期能够引起民众共鸣，给人留下深刻的印象；在阅读推广活动方面，不仅有传统的阅读项目，也注重借助新媒体不断开拓出更加丰富多样的活动内容，活动主题清晰，目标人群定位准确；在品牌宣传和传播方面，整合报纸、杂志、电视、广播、海报等传统媒体与移动终端、社交媒体等新媒体的优势，进行同步专题报道，不断强化阅读推广项目在民众心目中的知晓度和影响力；选取社会不同领域知名人士作为阅读推广代言人，能带动更多民众参与其中，名人的参与可以视为阅读推广活动品牌化运作的一种特殊保障。

---

① 樊伟，姜晓，杨云舒，淳娇，胡靖，张又雄."2015 俄罗斯联邦文学年"的调查及启示——基于阅读推广的品牌运作理论［J］.图书馆建设，2016（5）：56–60+65.

第五节　国内对国外阅读推广的研究概况

一、研究文献概况

笔者以"国外阅读推广""国家名称（美国、英国、加拿大、法国、德国、俄罗斯、日本、韩国、印度等）阅读推广"为主题字段，在中国知网（CNKI）中国学术期刊全文数据库及维普全文电子期刊库中进行检索，经过筛选后得到与国外阅读推广研究密切相关的论文 115 篇（截至 2019 年 7 月）。表 1–1 和表 1–2 分别是这些论文的年度分布和期刊来源分布情况。

表 1–1　国内对国外阅读推广研究论文的年度分布情况

发表时间	2004	2009	2011	2012	2013	2014	2015	2016	2017	2018	2019
论文数量（篇）	1	1	2	6	11	14	14	8	18	26	14

表 1–2　国内对国外阅读推广研究论文的期刊来源分布情况

图书情报学刊物	出版学刊物	教育学刊物	高等院校学报	其他类刊物
81 篇	15 篇	2 篇	4 篇	13 篇

通过表 1–1、表 1–2 可以看出，（1）国内对于国外阅读推广的研究在 2010 年之前成果较少，2011 年起呈现出逐年增长的趋势，2013 年开始增幅较大。（2）有 81 篇论文发表在图书情报学专业期刊上，占论文总量的 70.4%，其他还有发表在出版学、教育学以及经济学等不同学科刊物上，从另一个侧面说明国外阅读推广研究受到不同领域研究者的关注，也在一定程度上印证了阅读推广是一项涉及社会各行各业的系统性工程。

通过初步分析以上研究论文的篇名，我们可以发现：（1）国内研究者对于国外阅读推广的研究视角多样化，但总体上重案例研究和经验总结而轻理论研究，论文题名直接冠以"案例""实例""经验""启示"类的文章有 42 篇之多，而严格意义上的理论研究非常少，如于良芝等[1]探讨了阅读推广领域的结构，并以其

---

[1] 于良芝，于斌斌. 图书馆阅读推广——循证图书馆学（EBL）的典型领域［J］. 国家图书馆学刊，2014（6）：9–16.

中两个分领域的经典研究为例证明阅读推广研究具有"循证图书馆学"所说的证据性，阅读推广实践非常适合成为率先接受循证图书馆学影响的领域。（2）从研究国别上看，涉及的国家主要有美国、英国、德国、加拿大、俄罗斯、荷兰、日本、韩国、新加坡，对这些国家的阅读推广研究都有数量不等的专门文献，其中尤以对美国、英国和日本的论文数量最多；此外，一些不太突出国别的论文中还有涉及对瑞典、墨西哥、巴西等国家阅读推广某些方面的探讨。（3）从研究内容来看，以上论文主要涉及国外图书馆阅读推广研究、国外阅读推广法律政策研究、国外阅读推广品牌化运作研究、国外儿童阅读推广研究以及国外阅读推广的案例、实践经验探讨等方面。下文会就其中的几个方面展开进一步分析。

除了论文，《阅读推广：理念·方法·案例》（赵俊玲等主编，国家图书馆出版社 2013 年版）、《图书馆阅读推广基础理论》（吴晞主编，朝华出版社 2015 年版）、《图书馆阅读推广研究》（王余光主编，朝华出版社 2015 年版）、《中外图书馆阅读推广活动研究》（王波等著，海洋出版社 2017 年版）、《媒介融合时代的阅读推广活动研究》（裴永刚著，中国广播影视出版社 2017 年版）等著作中，均有关于国外阅读推广研究的章节，也是值得关注的。

二、国内对国外阅读推广研究论文的内容分析

（一）国外图书馆界的阅读推广研究

国外图书馆界阅读推广研究方面的论文有 47 篇，占论文总量的 40.9%；其中有关儿童及青少年阅读推广的研究论文有 22 篇，占国外图书馆界阅读推广研究的 46.8%。

在国外图书馆儿童及青少年阅读推广研究方面，主要涉及美国、英国、加拿大、韩国、日本等国家。有研究者通过网络调查美国 45 家公共图书馆的数字阅读平台及儿童数字阅读推广实践活动，发现美国公共图书馆为儿童提供个性化的数字阅读分区及丰富的多媒体资源，并联合各方力量协作开展儿童数字分级阅读推广活动。[①]英国的公共图书馆作为世界上最早开展婴幼儿早期阅读推广服务的国

---

① 严玲艳，胡泊．美国公共图书馆儿童数字阅读推广实践调查及启示［J］．图书情报工作，2018（4）：137-144.

家，其阅读服务理念、开展的"宝贝说""阅读起跑线""姐妹图书馆"等阅读推广活动，均取得了很好的效果，其阅读推广中对图书馆工作人员的素质培养方法也值得借鉴。[①]加拿大的公共图书馆注重保障"阅读障碍症"儿童的阅读权利，在服务这一儿童群体上具有较高的认知程度和丰富的经验：面向"阅读障碍症"儿童制定服务章程并广泛宣传服务，为其提供加拿大公平利用图书馆中心（Center for Equitable Library Access）的 10 万册自建馆藏资源，图书馆与阅读障碍症全国图书馆服务网络、多伦多公共图书馆之友等联合推广阅读障碍症儿童服务，还针对阅读障碍儿童的特点提供特殊的服务内容。[②]刘雪燕探讨了韩国制定的阅读推广相关法律法规和政策、韩国国立中央图书馆儿童青少年图书馆推出的具有代表性的阅读推广方案，并从图书馆阅读设施和环境的改善、阅读率的提升角度探讨了儿童青少年阅读推广的成效。[③]周樱格总结了日本图书馆少儿阅读推广活动的特点——图书馆在政府重视下与学校、学生良性互动，图书馆在亲子活动中引导社区、家庭共筑阅读氛围，图书馆在图书选定项目中发挥指导性作用，图书馆在人力资源方面注重培养馆员与志愿者的素养。[④]在此基础上，研究者还从五个方面总结了日本图书馆在少儿阅读推广方面带给我们的思考与启迪。

此外有关国外图书馆阅读推广研究的论文中，有研究者回顾日本二战前后图书馆的阅读推广活动[⑤]，探讨日本东京大学附属图书馆的阅读推广实践[⑥]，总结日本公共及高校图书馆近年来较有特色的阅读推广活动案例[⑦]，调查公共图书馆、地方图书馆、电子图书馆、私立图书馆、民间图书馆等不同类型图书馆如何

---

① 王力军，杨利超 . 英国公共图书馆开展婴幼儿早期阅读推广服务的经验及其启示［J］. 图书馆学研究，2017（23）：92–96.

② 钟宝军 . 加拿大公共图书馆"阅读障碍症"儿童服务实践及启示［J］. 图书馆界，2017（2）：20–23.

③ 刘雪燕 . 韩国儿童青少年阅读推广现状及启示［J］. 山东图书馆学刊，2013（2）：101–104.

④ 周樱格 . 日本图书馆少儿阅读推广的策略研究与启迪［J］. 图书馆杂志，2012（9）：108–110.

⑤ 曹磊 . 二战前后的日本图书馆阅读推广活动［J］. 图书情报研究，2013（2）：48–51，7.

⑥ 王诗涵 . 用戏剧演绎图书馆阅读推广工作——日本东京大学附属图书馆阅读推广实践［J］. 戏剧文学，2017（12）：115–119.

⑦ 周樱格 . 日本图书馆阅读推广动向研究：案例分析与启迪［J］. 新世纪图书馆，2013（5）：23–26.

始终把诱导读者阅读兴趣、提供互动空间、创造生活快乐作为出发点，使读者在阅读中寻找乐趣。① 关于新加坡图书馆的阅读推广研究中，研究者将新加坡图书馆阅读推广活动的特点总结为：手段多样化、重视与媒体的合作，重视对青少年和儿童的阅读推广，为读者设立专门的服务空间，提供区别化特色服务等②；新加坡国家图书馆管理局积极推动图书馆阅读推广活动，其阅读推广具有目标明确、项目创意新颖等特点，③ 管理局非常重视母语阅读推广，从建设母语馆藏，设立母语节，创办母语俱乐部和主题图书馆，到开展形式多样的母语阅读活动等，在母语阅读推广方面积累了许多经验。④ 俄罗斯图书馆在阅读促进与宣传中继承并深化了走上街头、深入基层、榜样教育等传统形式，同时通过引进新理念与技术，积极开创区域文学地图、书片花、阅读中心等有创新性且行之有效的阅读促进方式，使国民阅读促进逐渐沉淀为一种理性探索与兼容并包的发展态势。⑤ 有研究者对 127 所美国城市公共图书馆和美国国家性的阅读推广活动进行网站调查后发现：78% 的"一城一书"活动由公共图书馆协助或直接举办；公共图书馆是申请并举办"大阅读计划"活动最多的机构；60% 的受访图书馆举办了"读遍美国"相关活动；受访图书馆均具有读书活动、阅读延伸活动、影音教育活动和图书馆——社区、馆员——读者互动活动等区域性阅读推广活动，⑥ 这是比较少见的定量研究与定性研究相结合的研究范例。

国外高校图书馆的阅读推广研究也值得关注，寇爽等⑦ 对美国高校阅读推广的重要模式、"新生共同阅读计划"的目的和实现途径进行了介绍，指出我国高

---

① 刘叶华. 享受读书，寻找乐趣——关于日本图书馆阅读推广的调查［J］. 出版参考，2015（5）：17-19.

② 高继伟. 新加坡图书馆阅读推广特点及启示［J］. 科技经济导刊，2017（22）：155+153.

③ 许桂菊. 新加坡国家图书馆管理局阅读推广活动可持续发展探析［J］. 国家图书馆学刊，2015（2）：95-103.

④ 何清华. 新加坡国家图书馆管理局母语阅读推广的经验与启示［J］. 图书馆研究与工作，2018（7）：50-52-57.

⑤ 李红梅. 俄罗斯图书馆阅读促进的创新［J］. 图书馆论坛，2018（4）：119-125.

⑥ 贺新乾，王颖纯，刘燕权. 美国公共图书馆阅读推广活动的发展现状与特点分析［J］. 图书与情报，2017（5）：97-103.

⑦ 寇爽，杜坤. 面向大学新生阅读推广策略研究——基于美国"新生共同阅读计划"［J］. 图书馆工作与研究，2019（1）：100-105.

校图书馆开展大学新生阅读推广活动可以借鉴的方面。程文艳等[①]探讨了新加坡南洋理工大学、韩国江原大学及美国哈佛大学三所大学图书馆阅读推广的成功案例。面对阅读障碍群体，加拿大曼尼托巴大学、卡尔顿大学、布鲁克大学、滑铁卢大学的4所高校图书馆从管理章程制定、服务依据制定、部门合作推广、特殊资源与辅助技术提供、专业服务人员配备、反馈信息收集6个角度为阅读障碍症群体提供阅读服务，力求帮助阅读障碍症群体平等地获取信息和服务。[②]

（二）国外阅读推广法律与政策研究

依笔者所见，有关国外阅读推广法律与政策的研究论文有8篇，其中有的对国外阅读立法现状、特点及影响进行概括性探讨，不针对某一具体国家；有的针对日本[③]、韩国[④][⑤]等某一国家的阅读推广立法及相关政策展开研究。

通过考察国际组织促进阅读的法律性决议、国外十多个国家专门性的阅读促进法律以及一些国家某些行业性的法律，研究者张麒麟从机构、科研、项目和评估4个方面出发探讨国外阅读立法对阅读推广所产生的影响，实证研究表明阅读立法对上述4个方面均能产生积极推动和影响。[⑥]蔡箐梳理了美国、日本、韩国、俄罗斯等国家政府为推动国民阅读而制定的法规政策，提炼其中有价值和具有普适性的主旨要点和内容，分析国外阅读立法的特点，包括对未成年人的阅读重视、调动各界力量共促阅读、保障图书馆等公共文化设施资源建设、注重提高阅读能力和培养阅读素养、制定规划计划与立法相结合、设立阅读日和阅读基金制度等[⑦]，这些对于我国进行阅读立法具有一定的借鉴意义。

加拿大政府针对土著儿童读写能力较弱、阅读水平低于国家水平的现状，开

---

① 程文艳，张军亮，郑洪兰，周红梅.国外高校图书馆推广阅读文化的实例及启示［J］.图书馆建设，2012（5）：47–50+54.

② 宗何婵瑞，宋双秀.加拿大高校图书馆"阅读障碍症"群体服务研究［J］.图书情报工作，2014（12）：51–55+63.

③ 吴玲芳."日本儿童阅读推进法"简介［J］.中小学图书情报世界，2004（10）：60+57.

④ 宫丽颖，浅野迪.韩国的阅读推广法律政策［J］.出版参考，2014（11）：16–17.

⑤ 孟磊，单芳.韩国阅读立法的经验与启示［J］.科技与出版，2019（7）：98–104.

⑥ 张麒麟.国外阅读立法对阅读推广的影响研究［J］.图书情报工作，2015（23）：11–16.

⑦ 蔡箐.国外阅读立法：现状，特点与借鉴［J］.图书馆杂志，2016（8）：29–35.

展了两次"提升土著儿童阅读能力政策的圆桌会议"①，分别是2013年10月在班夫艺术中心举行的"开启阅读新天地"和2014年10月在多伦多中心举行的"最佳实践与宣传"会议，两次会议的召开使得早期阅读能力的培养得到更高重视，土著儿童的阅读能力在不断提升，同时土著社区图书馆的数量和质量也在不断提升。加拿大为了加入世界知识产权组织《关于为盲人、视力障碍者或其他阅读障碍者获得已出版作品提供便利的马拉喀什条约》，遵循并落实条约规定的最低义务和有效实施原则，从扩大保护范围、促进跨境交换、明确技术保护措施等角度修订了《版权法》中关于阅读障碍者获取作品的版权例外制度，这种做法可为我国所借鉴，通过修改国内法来推动《马拉喀什条约》在我国的实行。②

（三）国外阅读推广品牌化运作研究

国外阅读推广品牌化运作方面的研究论文有3篇，分别对国外多个阅读推广活动的品牌化运作特色、美国阅读推广活动③和俄罗斯联邦文学年④的品牌化运作进行分析。其中，石继华基于品牌化视角，对美国的"读遍美国"、"触手可读"、"直击阅读"活动、英国的"夏季阅读挑战"、"Beyond Booked Up"活动、德国的"阅读测量尺"项目、"全民朗读"活动、新加坡的"读吧！新加坡"等阅读推广典型案例进行分析和梳理，提炼出国外阅读推广品牌化运作具有以下特点：良好的品牌形象设计、清晰的品牌定位、全方位的品牌传播和相应的品牌维系措施，⑤这些都是我国推进阅读推广品牌化建设时可借鉴的措施。

（四）国外阅读推广的案例、经验及对我国的启示研究

如上文所述，在论文题名上直接冠以"案例""实例""经验""启示"类的文章多达40余篇，按照阅读推广的目标群体来看，大致可以分为着眼于全民阅读、着眼于儿童青少年、着眼于成年人的三类阅读推广研究。

---

① 段雪玲，孙亚娟.加拿大扶持土著儿童早期阅读的政策及其启示［J］.教育导刊，2017（1）：92-96.

② 徐轩.加拿大关于阅读障碍者的版权例外研究——以《马拉喀什条约》实施为视角［J］.图书馆建设，2017（3）：17-22.

③ 黄梦瑶.美国品牌阅读推广活动及对我国的启示［J］.公共图书馆，2016（2）：22-26.

④ 樊伟，姜晓，杨云舒，淳娇，胡靖，张又雄."2015俄罗斯联邦文学年"的调查及启示——基于阅读推广的品牌运作理论［J］.图书馆建设，2016（5）：56-60+65.

⑤ 石继华.国外阅读推广的品牌化运作及启示［J］.图书情报工作，2015（2）：56-60.

着眼于全民阅读推广的案例研究方面，有研究者结合美国政府倡导的"美国阅读挑战"运动、"阅读优先方案"、日本政府规定实施的"清晨读书"规划、《儿童读书活动推进法》等来论述国家的强力引导和立法保障是国外阅读推广成功的关键；通过梳理英国阅读协会长期实施的"夏季阅读挑战计划"、德国迄今为止规模最大的儿童早期阅读促进项目"阅读起点——阅读的三个里程碑"，来论证社会各界的广泛参与是国外阅读活动经久不衰的保证；还通过考察美国国会图书馆以"塑造美国的书"为题发布的一份包含 88 部作品的书目、美国图书馆协会的"暑期阅读计划"、英国注重早期阅读的"阅读起跑线计划"，来论证图书馆是国外阅读推广活动的主阵地。①

着眼于儿童青少年阅读推广的案例研究和经验总结方面，研究者对于英国婴幼儿阅读项目——"阅读起跑线计划"（Bookstart）的关注较多。作为世界上第一个国家性质的婴幼儿阅读推广计划，该计划的核心内容是由公共图书馆、教育和卫生等方面的多家机构联手为每个婴幼儿发放 1 个免费的阅读包。阅读包分为婴儿包、高级包、百宝箱、发光包、触摸包和双语资料。Bookstart 还举办了儿歌时间、故事时间、蓝熊俱乐部、全国活动周等活动，拉近了婴幼儿和图书馆的距离，增强了儿童的认知、理解和学习能力。②研究它的发展历程、服务内容和社会价值，可以设计出促进我国婴幼儿阅读的推广策略。③英国面向家庭寄养儿童的"信箱俱乐部"计划也受到关注，研究者对该计划的发展状况、服务内容和运行模式进行考察，分析了该计划的实施成效，认为该计划为寄养儿童在家自我学习提供了支持，并能帮助寄养儿童缩小与同龄孩子的阅读差距，还有利于增进亲子共读。④使用文献调研法，有研究者对"信箱俱乐部"项目评估体系进行了分析和梳理⑤，借此为我国阅读推广活动评估提供借鉴。此外，有研究者通过"加拿大儿童图书

---

① 王萍. 国外阅读推广活动经验剖析［J］. 图书馆工作与研究，2013（10）：107–109.

② 王琳. 婴幼儿阅读推广策略研究——基于英国"阅读起跑线计划"案例［J］. 图书馆建设，2013（3）：39–42+48.

③ 王琳，钟永文，杨雪晶. 基于英国 Bookstart 案例研究的婴幼儿阅读推广策略［J］. 图书馆学研究，2013（4）：69–73.

④ 李建良. 英国"信箱俱乐部"计划及其启示［J］. 云南图书馆，2014（3）：56–59.

⑤ 文意纯. 英国"信箱俱乐部"项目评估报告体系及启示［J］. 图书馆理论与实践，2017（4）：102–105.

周""暑期阅读俱乐部""一年级赠书""原住民暑期识字夏令营" 4 项活动，分析加拿大少年儿童阅读推广活动的特征 ①；还有研究者以德国"阅读童子军"项目为对象展开个案研究，通过案例分析探索群体阅读参与动力形成机制，为群体阅读推广活动提供理论指导 ②。

着眼于成人阅读推广的案例研究方面，例如，英国阅读社发起的一个全国性质的成人阅读推广项目"六本书挑战赛"，核心工作是组织识字水平不高的成年人利用半年时间读六本书，并记录阅读感受和随想，以培养阅读习惯、提升信息素养；③ 英国的"世界读书夜"活动以"更多的人享受阅读的快乐"为愿景，通过赠书等形式致力于成年人的阅读推广，2011 年至今已有 56000 多名志愿者参与其中，赠书图书超过 225 万册，该活动还扩展到美国、德国、克罗地亚等国家。根据 2016"世界读书夜"影响报告，许多受访者表示这项活动促使他们重新拾起图书，并帮助他们发现更多更有趣的图书。通过阅读他们不仅增加了自信心，还提升了自身素养。④

对国外阅读推广经典活动和案例实施背景、实施过程、活动内容、活动成效、效果评估等进行全方位考察，总结他们取得成功的方法和经验，可以作为国外阅读推广研究中一个重要组成部分，也可以为国内深化和拓展阅读推广提供参考和借鉴。但从长远来看，研究者应该把这种案例研究和经验总结进一步提升到理论研究的高度，从实践经验中提炼出有更高价值的观点和内容，这样才能更好地指导国内的阅读推广实践。

① 王学贤，董梦晨，杨园利.加拿大少年儿童阅读推广活动研究 ［J］.图书馆工作与研究，2018（8）：30–34.

② 卿倩，李桂华.群体阅读参与动力形成机制构建 ［J］.图书情报工作，2018（18）：83–89.

③ 张淼.成人阅读推广策略研究——以英国"六本书挑战赛"为例 ［J］.图书馆杂志，2014（4）：58–63.

④ 陈嘉慧.英国"世界读书夜"阅读推广活动研究 ［J］.图书馆研究，2017（2）：89–92.

第一节　美国阅读推广概况

美国出版史研究专家约翰·特贝尔（John Tebbel，1912—2004）在《美国图书出版史（第二卷）：出版业的扩张（1865—1919）》（*A History of Book Publishing in the United States：Volume II the Expansion of an Industry*（1865—1919））中提到美国内战后国民生活最显著的特征就是阅读的巨大增长，而这无疑是出版——无论是图书，还是杂志、报纸——持续而广泛地扩张所带来的结果。同时，也也认为美国内战后图书馆的快速发展对于全国读者的增长起到了极大的刺激作用。[1]随着阅读在社会生活中的凸显，美国学术界对阅读行为与阅读指导方面的研究日益丰富和深入，与此同时，一些大型阅读推广活动也逐步开展起来。

一、阅读研究的历史

美国阅读研究的历史可追溯至 19 世纪 80 年代。[2]早期仅是一些心理学家对阅读过程的研究，后来教育学领域也日益关注阅读相关问题，尤其是在阅读教学与阅读指导方面。美国芝加哥大学教育学院教授威廉·格雷（William S. Gray）1925

---

[1] Tebbel J. A history of book publishing in the United States：Volume II the expansion of an industry（1865–1919）[M]. New York：R. R. Bowker Company，1975：5–6.

[2] 乐眉云 . 阅读研究在美国 [J] . 世界经济与政治论坛，1987（1）：35.

年出版的《阅读研究综述》（*Summary of Investigations Relating to Reading*）所搜集的文献，1924 年 7 月 1 日以前已发表的阅读研究文献就已达 436 篇。

20 世纪 20 年代，美国成人教育协会（American Association for Adult Education，AAAE）与美国图书馆协会（American Library Association，ALA）都认为了解成人阅读兴趣和习惯是图书馆和成人教育机构取得良好服务效果的关键，但当时人们对成人阅读兴趣和习惯还所知甚少，更不用说了解哪些因素会影响阅读习惯的养成。为此，美国成人教育协会与美国图书馆协会于 1926 年共同组成"成人阅读兴趣与习惯联合委员会"（Committee on the Reading Interests and Habits of Adults），主持了一系列成人阅读相关研究，并出版了一系列研究成果，例如《成人阅读兴趣与习惯：初步报告》（*The Reading Interests and Habits of Adults：A Preliminary Report*）《人们想阅读什么：团体兴趣研究与成人阅读问题调查》（*What People Want to Read About：A Study of Group Interests and a Survey of Problems in Adult Reading*）、《什么让书可读：有限阅读能力成人的特别参考（初步报告）》（*What Makes a Book Readable：With Special Reference to Adult of Limited Reading Ability，An Initial Study*）等。

20 世纪 30 年代，出版界在开启行业研究的过程中开始发现读者和阅读推广的意义。1930 年，美国全国出版商协会（National Association of Book Publishers）[1]组织了一次行业调研，以欧文信托公司（Irving Trust Company）副总裁、银行家俄里翁·霍华德·切尼（Orion Howard Cheney，1869—1939）为主任。1931 年，《美国图书行业经济调查（1930—1931）》[2]（*The Economic Survey of the Book Industry 1930—1931*）作为美国出版业的第一个经济分析报告出版。作者深刻体察到了读者对于出版业的重要意义："我们开始意识到出版行业的过程并非是一个从作者到读者的直线，而是一种连续的一环套一环的过程，而读者在其中会影响到这个

---

[1] 全国出版商协会成立时间为 1920 年，1934 年中断，1937 年至 1946 年继之以图书出版商事务处（Book Publishers Bureau）的名义存在。1946 年成立美国图书出版商委员会（American Book Publishers Council）。1970 年该委员会与美国教育出版商协会（American Educational Publishers Institute）合并组成现在的美国出版商协会（Association of American Publishers）。

[2] 通常简称为《切尼报告》（*Cheney Report*）.

行业的每个分支，甚至包括作者和评论界。"[1]作者还指出，"出版行业曾经无比重视图书而忘记了读者，但是读者对于图书的影响迟早会被出版商和图书销售商所理解，而这必然将影响到所出版图书的性质、形态、价格、主题与风格，以及购买方式。"[2]作者还将阅读推广作为刺激潜在读者、扩展市场规模的关键举措。然而，通过调查报告发现，当时出版界对于阅读推广方式还未经过充分的组织和规划，但高度认可全国出版商协会与美国图书馆协会共同举办的"儿童图书周"（Children's Book Week）活动，认为它是非常有效的阅读推广形式，同时建议出版界要与所有教育性、公民性及相关组织举办的特定活动联合起来组织有效的阅读推广活动。这一建议虽然未立刻被采纳，但是后来在美国阅读推广进入发展高峰期，各个推广主体之间的密切合作是非常显著的特征。同时，这份报告彻底改变了出版商曾以为图书馆的出现会导致图书销售下降的旧观念，还指出出版界和图书馆界在某些问题上存在分歧，但无论是图书馆的图书展示和流通，还是数量众多的各类图书馆期刊上的书评，抑或是图书馆界所倡导的出版自由观念，都表明图书馆是出版界很好的合作推广机构。[3]这为出版界与图书馆界在阅读推广方面的合作打下了良好的基础。

进入 20 世纪 40 年代之后，美国出版业经历了空前繁荣阶段，美国图书制造商协会（Book Manufacturers' Institute）任命"图书行业委员会"（Book Industry Committee）进行调查，以明确美国出版行业未来发展的方向。1944 年秋，图书行业委员会将这项调研任务交给美国心理公司（The Psychological Corporation）及霍普夫管理咨询公司（Hopf Institute of Management）两家机构。1946 年，由美国心理公司市场与社会研究部创始人亨利·凌克（Henry C. Link，1889—1952）与霍普夫管理咨询公司的创始人哈里·亚瑟·霍普夫（Harry Arthur Hopf，1882—1949）共同执笔的研究成果《人与书：关于阅读与图书购买习惯的研究》（*People*

---

[1] Cheney，O H. Economic survey of the book industry，1930–1931，with 1947–1948 Statistical Report [R]. New York：R. R. Bowker Company，1949：17–18.

[2] Cheney，O H. Economic survey of the book industry，1930–1931，with 1947–1948 Statistical Report [R]. New York：R. R. Bowker Company，1949：18.

[3] Harlan，R D，Johnson，B L. Trends in modern American book publishing [J/OL]. [2019–08–16]. Library Trends，1979，27（3）：395. http：//hdl.handle.net/2142/7029.

and Books：*A Study of Reading and Book-buying Habits*）出版。基于教育对阅读的影响关系以及对国家教育持续加速上升的判断，研究者推断未来读书人数也会相应增加，这必将导致图书销售的增长。这一研究的结论推翻了美国在第二次世界大战后出版下滑的预测。报告还指出，美国人花在看报纸、杂志、听广播和看电影上的时间是看书时间的 12 倍，这也就意味着出版者有充足的空间和机会激发读者的阅读渴望，吸引读者把更多的时间用于读书。这无疑给了出版界一剂加大力度进行阅读推广的强心针。

1956 年，国际阅读协会（International Reading Association，IRA）[1]在合并两个已有组织：全国辅导教师协会（National Association for Remedial Teachers）和国际阅读指导促进委员会（International Council for the Improvement of Reading Instruction）的基础上建立起来，总部最初设在芝加哥，1961 年迁至美国特拉华州纽瓦克（Newark，Delaware）。芝加哥大学教育学院院长威廉·格雷担任国际阅读学会首任会长。国际阅读协会是国际性非营利的专业组织，成为国际阅读研究的重要平台，旨在通过会议和出版物促进阅读过程与教学技巧领域研究成果的交流和传播，最终实现阅读指导水平的提高，并鼓励终身阅读习惯的养成。[2]

二、阅读推广的历史

美国最早全国范围阅读推广活动始于 1919 年的"儿童图书周"（Children's Book Week）。这一关于儿童图书和阅读的年度庆典活动至今仍在举办，是美国运营时间最长的全国性文化素养活动，目标是鼓励儿童热爱阅读、热爱图书。早在 1913 年，美国童子军（Boy Scouts of America）担任图书馆员的富兰克林·马修斯（Franklin K. Matthews[3]）走遍美国，呼吁提高儿童图书的品质。他提议举办"儿童图书周"，并且认为该活动应该由所有对此感兴趣的团体：图书出版商、书商和图书馆员来支持。他最终获得两位重要支持者：一位是《出版商周刊》（Publishers

---

[1] 1996 年，国际阅读协会改名为国际素养协会（International Literacy Association）。

[2] International Reading Association：History and Development，Projects and Programs，Organizational Structure［EB/OL］.［2019-08-16］. http://education.stateuniversity.com/pages/2126/International-Reading-Association.html.

[3] 生卒年未明。

Weekly）的编辑弗雷德里克·梅彻尔（Frederic G. Melcher，1879—1963），另一位是在纽约公共图书馆儿童部负责人安妮·摩尔（Anne Carroll Moore，1871—1961）。在他们的帮助下，1916 年，美国图书馆协会与美国书商协会（American Booksellers Association）联合美国童子军发起了"优秀图书周"（Good Book Week）活动。①1919 年，美国书商协会召开大会时，决定将"优秀图书周"办成一个年度庆典，并重新命名为"儿童图书周"。几个月后，美国图书馆协会发表官方声明支持该活动。② 1944—1945 年间，弗雷德里克·梅彻尔将举办"儿童图书周"的责任转交给新成立的"儿童图书编辑人协会"（Association of Children's Book Editors），该组织大大扩展了"儿童图书周"的活动，并逐步演变为现在所熟知的"儿童图书委员会"（Children's Book Council）。③自 2008 年起，"儿童图书周"转由"儿童图书委员会"下属慈善机构"每个儿童都是读者"（Every Child a Reader）举办，儿童图书委员会则是其主要的赞助方。④ 也正是从那时起，"儿童图书周"从以往每年 11 月感恩节前一周改至每年的 5 月举行。2018 年，共有超过 700 个图书馆、书店和学校举办了图书周活动。2019 年是"儿童图书周"的100 周年，整整一年都会安排不同的庆祝活动，而 4 月 29 日至 5 月 5 日和 11 月4 日至 10 日的两周则是整个全年活动的高潮。⑤

1936 年，美国书商协会设立"国家图书奖"（National Book Awards），延续至 1942 年，后因第二次世界大战而中止。1950 年，经美国图书出版商委员会（American Book Publishers Council）、美国书商协会、美国图书制造商协会三个出版行业组织共同重新设立"国家图书奖"。美国国家图书奖与普利策小说奖被视为美国最重要的两个文学奖项。1988 年，非营利组织国家图书基金会成立

① History of Children's Book Week［EB/OL］.［2019–08–16］. http：//everychildareader.net/cbw/about.

② What is Children's Book Week?［EB/OL］.［2019–08–16］. https：//www.wisegeek.com/what–is–childrens–book–week.htm.

③ History：The CBC and Children's Book Week［EB/OL］.［2019–08–16］. http：//www.cbcbooks.org/about/history.

④ What is Every Child a Reader（ECAR）?［EB/OL］.［2019–08–16］. http：//www.cbcbooks.org/cbc_faq/what–is–every–child–a–reader–ecar.

⑤ What is Children's Book Week and when does it take place?［EB/OL］.［2019–08–16］. http：//everychildareader.net/cbw/faq.

（National Book Foundation），由该组织负责"国家图书奖"的运营管理。设立"国家图书奖"的宗旨在于提升大众对美国优秀文学作品的认识，并在整体上促进阅读风气的形成。因此，每年的"国家图书奖"不仅是一场大型的阅读推广活动，同样也是文学界、出版界的盛会。

通过图书馆庆祝活动提升图书馆的公众形象，其推广阅读可追溯至20世纪20年代前后。1922年，在美国图书馆协会年会上，美国图书馆协会公共宣传委员会（ALA's Publicity Committee）就提出了为期一周的图书馆庆祝活动。而且，在此之前已经有少数州和地方图书馆已经成功举办了图书馆周活动，至少可追溯至1916年3月俄亥俄州托莱多（Toledo）的图书馆周活动。①然而，直至1958年才有了全国范围的图书馆周活动。1955年，美国盖洛普民意测验显示，有三分之二的美国成年人在过去一年内除《圣经》外没有读过任何一本书。1957年的一项调查发现，只有17%的美国人正在读书。美国人在图书上花的钱越来越少，而更多花在娱乐上的钱都流向了广播、电视，甚至乐器上。为了扭转这一趋势，美国图书馆协会和美国图书出版商委员会于1954年成立了非营利组织——国家图书委员会（National Book Committee）。1957年，该委员会提出举办"国家图书馆周"（National Library Week）的计划。他们认为只要鼓励人们读书，他们就会支持和使用图书馆。1958年，美国图书馆协会和国家图书委员会共同发起了第一届"国家图书馆周"活动。1959年又举办了第二届活动，同时美国图书馆协会理事会经投票决定以后每年都举办"国家图书馆周"庆祝活动。1974年，国家图书委员会解体后，该活动由美国图书馆协会继续单独举办。②第一届"国家图书馆周"吸引了大量有超过1万个报纸报道，22份全国性的杂志刊登了文章、14家全国性的电视台和广播台以及至少1500家地方电视台和广播台进行报道，超过5000个社区参与了这次活动。本届活动取得了相当大的成果：新泽西州参议院通过了一项160万美元的图书馆拨款；纽约的立法机关同意增加70万

---

① Greg Landgraf. "Wake Up and Read" to "Libraries Lead": The 60-year history of National Library Week［EB/OL］.（2018-03-01）［2019-08-16］. https://americanlibrariesmagazine.org/2018/03/01/national-library-week-60th-anniversary-libraries-lead.

② National Library Week［EB/OL］.［2019-08-16］. http://www.ala.org/news/mediapresscenter/factsheets/nationallibraryweek.

美元的图书馆补助；数十个城市成立了"图书馆之友"（Friends of the Library）小组；纽约市的布鲁克林图书馆、罗得岛州的普罗维登斯市、俄亥俄州的波蒂奇等在图书馆周期间开展了筹款活动，以购买馆藏或恢复流动图书车服务等；一些图书馆还在图书馆周期间开展了别具特色的活动，例如亚利桑那州和阿肯色州举办的"图书馆女王"评选活动，以及南卡罗来纳州通过配送牛奶的人来发送活动传单。[1]以后的"国家图书馆周"活动基本在每年4月举办，美国图书馆协会和全国各类型图书馆参与其中，庆祝美国图书馆及图书馆员们所做的贡献，提升图书馆的服务，增进社会对图书馆的支持。

1966年，非营利机构"阅读是根本"（Reading is Fundamental，RIF）在美国成立。当时的国防部长罗伯特·麦克纳马拉（Robert S. McNamara，1916—2009）的妻子玛格丽特·麦克纳马拉（Margaret McNamara，1915—1981）作为志愿教师在华盛顿特区的学校给孩子们读书时，吃惊地发现有很多孩子并没有属于自己的图书，这一经历直接促成了"阅读是根本"机构的创立。该机构在第一年就将20万册图书送给了华盛顿特区4.1万个学校儿童。1967年，在福特基金会（Ford Foundation）的捐助下，"阅读是根本"流动车启用，将赠书范围和影响扩大到教室以外的范围。由于该项目在华盛顿地区的成功，福特基金会在1968年将捐助资金增加至28.5万美元，"阅读是根本"机构在全国范围开展了近10个示范项目。创始人玛格丽特·麦克纳马拉说："我们觉得如果孩子们选择和拥有属于他们自己的书，有些事一定会发生。这将激发他们去阅读。我们不教他们阅读，我们只是激发他们阅读的渴望。"[2]1976年，国会给予该机构募集到捐助资金同等金额的经济资助。她也因服务于儿童的卓越成果而受到卡特总统授予的"自由勋章"（Medal of Freedom）。

---

[1] Greg Landgraf. "Wake Up and Read" to "Libraries Lead": The 60-year history of National Library Week [EB/OL]. (2018-03-01) [2019-08-16]. https://americanlibrariesmagazine.org/2018/03/01/national-library-week-60th-anniversary-libraries-lead.

[2] Margaret Mcnamara, 65, is dead; begin children's reading program [EB/OL]. (1981-02-04) [2019-08-16]. https://www.nytimes.com/1981/02/04/obituaries/margaret-mcnamara-65-is-dead-began-children-s-reading-program.html.

第二节　美国阅读推广政策

20 世纪六七十年代后，自尼克松总统开始，每届美国总统皆把教育改革作为重要的施政方针，并投入大量的资金进行教育理论研究和教育实践改革。阅读作为基础教育的一部分，开始受到政府的高度重视和大力支持，并纳入一系列教育政策与法规中。从这个意义上来说，阅读实际上是通过政府之手，以教育的形式进行大力推广。

一、20 世纪 70 年代

1969 年，美国联邦首席教育官员（U.S. Commissioner of Education）詹姆斯·艾伦（James E. Allen，1911—1971）提出"阅读的权利"计划，并指出这是美国 20 世纪 70 年代的目标。后来他专门以此为题，撰文发表在 1970 年 4 月的《初等英语》（Elementary English）杂志上。文章统计显示：美国有四分之一的学生存在严重的阅读缺陷；大城市学校系统有半数学生的阅读低于期望值；美国成人中有超过 300 万的文盲；16~21 岁的失业青年中有一半是功能性文盲（functional illiterate）……他还指出阅读障碍不仅仅在于阅读能力的不足，还在于缺乏阅读的渴望。为了改善教育质量，他提出通过 10 年时间，到 20 世纪 70 年代末达到让每个学生获得阅读所必需的能力和渴望。他号召全国各界都参与其中，呼吁国会、州及地方行政和立法人员、商业界、工业界、公民和社区团体、出版商、广告界、电视、广播、新闻媒体、研究团体、基金会、娱乐界、体育界等的理解和支持，并提出了具体的建议和行动。他还指出，过去 4 年间，联邦政府教育办公室已经投入超过 1000 万美元用于资助阅读项目的研究，而且《中小学教育法》第一条规定给予低收入家庭、低学业表现学生的 11 亿美元经济资助的 60% 是用于提高阅读及相关能力的项目。[①]

1970 年，尼克松（Richard Milhous Nixon，1913—1994）总统在给国会的《教育特别咨文》（Special Message to the Congress on Education）中提议设立国家教育研究院（National Institute of Education）致力于教育研究和试验，每年拨给

---

① Allen J E. The right to read：Target for the 70's［J］. Elementary English，1970，47（4）：487–492.

经费 2.5 亿美元。他同时提出在 1971 年财政年度为 "阅读权利计划"（Rights to Read Program）拨款 2 亿美元以保证每个年轻的美国人都享有阅读的权利。他还提议国家卫生、教育、福利部（Department of Health，Education and Welfare）和经济机会局（Office of Economic Opportunity）建立起一个针对 0~5 岁儿童的早期儿童发展项目网络，并在 1971 年财政年度至少拨款 5200 万美元。①

1972 年 3 月 13 日，尼克松总统发布公告指定 1972 年为美国的 "国际图书年"。公告指出，阅读的权利不仅仅指可以获得图书，同时还需要具备阅读能力。美国仍有数百万的人不具备这样的能力，因而必须要消灭功能性文盲，而这就是 "阅读的权利" 计划的目标。除此之外，还需要改革教育机构以保证同样的问题将来不会出现。②

1974 年，曾经在阅读推广领域做出很多成绩的国家图书委员会解体，考虑到需要有一个机构继续承担起在全国范围推广图书和阅读的职责，1977 年，经美国国会图书馆馆长丹尼尔·布尔斯廷（Daniel J. Boorstin，1914—2004）博士提议，国会图书馆图书中心（Center for the Book）依据国会通过的法案正式成立。图书中心的使命是推动图书、阅读、文化素养、图书馆及关于图书的学术研究，而阅读推广是图书中心使命的核心。③图书中心有 4 位专职人员，包括主任（Director）、项目官员（Program Officer）、通讯官员（Communications Officer）、项目专家（Program Specialist）。约翰·科尔（John Y. Cole，1940—　　）博士被任命为图书中心主任。专职人员的薪水由国会图书馆拨款，而活动经费则全部来自个人、企业和其他政府部门的捐款和赞助。自 1984 年起，美国国会图书馆图书中心开始在美国各州建立附属图书中心。到目前为止，美国 50 个州及华盛顿特区、美属维京岛均设立了附属图书中心。1987 年，图书中心策划了全国性阅读推广活动 "全国读者年"（Year of the Reader），随后国会图书馆图书中心几乎每年都策划组织全国性阅读推广活动，成为美国阅读推广活动的领军机构。

① Nixon R. Special message to the Congress on education reform［EB/OL］.（1970–03–03）［2019–08–16］. https：//www.presidency.ucsb.edu/documents/special–message–the–congress–education–reform.

② Nixon R. Proclamation 4116：International Book Year，1972［EB/OL］.（1972–03–13）［2019–08–16］. https：//www.presidency.ucsb.edu/documents/proclamation–4116–international–book–year–1972.

③ Reading Promotion Themes and Projects［EB/OL］.［2019–08–16］. http：//www.loc.gov/loc/lcib/0202/cfb.html.

从 20 世纪 70 年代起，美国联邦教育部开始有计划地持续赞助建立在高校的阅读研究机构。早期赞助的是以阅读理解为研究重点的阅读研究机构。1976 年，美国伊利诺伊大学厄巴纳 – 香槟分校成立阅读研究中心（Center for the Study of Reading），从成立至 1992 年一直受到教育部资金支持。1992 年，教育部转而支持以研究阅读动机为重点的阅读研究机构——建立在美国马里兰大学和佐治亚大学的全国阅读研究中心（National Reading Research Center）。1997 年，在教育部赞助下成立了早期阅读成就促进中心（Center for the Improvement of Early Reading Achievement），这是由五所大学（密歇根大学、密歇根州立大学、南加利福尼亚大学、明尼苏达大学、佐治亚大学）教师及相关领域专家组成的联盟。这些阅读研究机构发布了很多有价值的研究报告，为美国在国家层面的阅读政策的制定提供了扎实的理论基础。这些阅读研究中心的专家也是后来政府或非政府机构调查研究阅读问题的重要成员。

二、20 世纪 80 年代

1981 年 8 月 26 日，美国教育部时任部长特雷尔·贝尔（Terrel Howard Bell，1921—1996）任命了"全美卓越教育委员会"（National Commission on Excellence in Education），并要求该委员会向新上任的里根政府和美国人民报告美国学校的教育质量。1983 年 4 月，委员会提交了题为《国家危机：教育改革势在必行》（A Nation at Risk：The Imperative for Educational Reform）的报告。该报告特别强调："美国所有 17 岁的人中，约有 13% 可被看作功能性文盲，而少数族裔年轻人中功能性文盲的比重高达 40%。"[①]报告不仅警示美国教育存在严重危机，同时也提出了若干改进意见。这份报告引起了政府、教育界、媒体，乃至整个社会的高度关注，成为美国教育改革中里程碑式的文献，为后来出台的若干教育改革政策奠定了基础。

为了回应"全美卓越教育委员会"发布的《国家危机：教育改革势在必行》，

---

① The National Commission on Excellence in Education. A nation at risk：the imperative of educational reform [R/OL].（1983–04–26）[2019–08–16]. https://www.edreform.com/wp-content/uploads/2013/02/A_Nation_At_Risk_1983.pdf.

1983 年，美国国家教育科学院（National Academy of Education）①精心挑选了代表阅读过程、影响阅读的环境因素、教学技术与工具等研究领域广泛观点的阅读领域专家组成了"国家阅读委员会"（National Commission on Reading）。1985 年，该委员会出版了由"国家阅读委员会"主席理查德·安德森（Richard C. Anderson，1934—　）②及另外三位"国家阅读委员会"职员共同撰写的《成为阅读大国：阅读委员会报告》（Becoming a Nation of Readers：The Report of the Commission on Reading）。报告开篇即指出："阅读是一项基本生活技能。它是一个孩子在学校，以及整个一生中获得成功的奠基石。……阅读不仅对于个人很重要，对整个社会同样如此。经济研究表明，上学是一项人力资源的投资——知识、技能、解决问题的能力具有持久的价值。"③报告还指出，美国标准化阅读测试的结果在 20 世纪 60 年代到 70 年代之间逐年下降，只是到 1985 年才略有回弹。在与台湾和日本的比较研究中发现，美国孩子的阅读表现最差。该报告批判性地考察阅读教学，并提出改进阅读指导的建议，包括：学校阅读教学和阅读测试需要做出改变，教材和阅读读本需要改进，家长在儿童阅读发展中应扮演更积极的角色、教师培养与职业发展需要改革，等等。

美国国会图书馆图书中心在 20 世纪 80 年代应国会要求组织了一项关于图书在未来社会中的角色研究。虽然是关于图书的研究，然而却与阅读息息相关。国会图书馆图书中心采访了作者、出版商、书商、计算机专家、图书馆员、教育工作者、学者，以及国会图书馆富有经验的职员。同时，国会图书馆图书中心常设的国家顾问委员会（National Advisory Board）经过多次会议讨论，于 1984 年 3 月 7 日召开了顾问委员会（共 21 人）会议。1984 年，国会图书馆馆长丹尼尔·布尔斯廷向国会提交了代表自己个人观点的 49 页的研究报告——《我们未来的图书：国会图书馆馆长报告》（Books in Our Future：A Report from the Librarian of

---

① 美国非营利性、非政府教育学术团体，成立于 1965 年，由卡耐基基金会主席约翰·加德纳（后担任联邦卫生、教育、福利部长）和哈佛大学前校长詹姆斯·科南特倡议发起。先后得到卡耐基基金会、福特基金会、斯宾塞基金会及许多联邦机构的资助。

② 任伊利诺伊大学厄巴纳 - 香槟分校阅读研究中心主任。

③ ANDERSON R C and others. Becoming a nation of readers：the report of the commission on reading［M/OL］. Washington，D.C：National Academy of Education，1985［2019–08–16］. https：//files. eric.ed.gov/fulltext/ED253865.pdf.

Congress）。报告的主要观点是：美国具有一种图书文化，美国的民主建立在图书和阅读之上，而这一传统正面临着两大威胁：文盲（Illiteracy）和有阅读能力但是没有阅读兴趣的人（Aliteracy）。美国应该持谨慎热情的态度将新技术纳入复兴图书文化的国家使命中。为充分反映这项研究过程中咨询专家和顾问团队的完整观点，国会图书馆图书中心主任约翰·科尔编辑了 399 页的《我们未来的图书：观点与建议》（*Books in Our Future：Perspectives and Proposals*）一书，于1987 年出版。[①]这项研究不仅引起了国会的高度重视，并由此通过公法指定 1987 年为"全国读者年"，同时也帮助国会图书馆图书中心明确了未来发展的方向，促使图书中心迅速开展全国性的阅读推广活动。

正是由于国家阅读委员会、国会图书馆馆长等提交的报告警示美国存在严重的阅读问题，1986 年 10 月 16 日，美国第 99 届国会通过公法，指定 1987 年为"全国读者年"（Year of the Reader），并要求总统发布公告，鼓励家长、教师、图书馆员、政府官员、书业相关人员及所有美国人民举办庆祝活动，目的是让阅读重新回到每个人的生活，乃至国家生活的重要位置。1986 年 12 月 3 日，里根（Ronald Wilson Reagan，1911—2004）总统发布总统公告，宣告 1987 年为"全国读者年"[②]。

三、20 世纪 90 年代

20 世纪 90 年代，在全球经济与科技竞争日益严峻的环境下，教育问题逐渐上升为国家发展的首要问题，阅读能力作为基本素质亦被正式纳入美国政府制定的教育政策和法律中。

1994 年，克林顿政府颁布的重要法案《目标 2000 年：美国教育法》（Goals 2000：Educate America Act）、《改革美国学校法案》（Improving America's School Act）及修订中小学教育法，将读写能力要求融入到政策目标之中，并鼓励各州及社区、学生努力达成这一目标。[③]

---

① Books and Reading in our future：revised［EB/OL］.［2019–08–16］. http：//www.loc.gov/loc/lcib/9906/cfb.html.

② Ronald Reagan. Proclamation 5584 Year of the Reader，1987［EB/OL］.（1986–12–03）［2019–08–16］. https：//www.presidency.ucsb.edu/documents/proclamation–5584–year–the–reader–1987.

③ 周仕德. 美国的阅读教育：政策、趋向及启示. 外国中小学教育，2015（1）：16.

1996 年 8 月 27 日，美国总统克林顿（William Jefferson Clinton，1946—　　）为其总统连任展开竞选活动时，在密歇根州怀恩多特（Wyandotte）的培根纪念图书馆发表演讲时发起一项全国性的素养运动——"美国阅读挑战"（America Reads Challenge）计划①，号召美国全体公民动员一切资源，建立了一支由百万公民自愿组织起来的辅导队伍，帮助儿童在三年级结束前达到独立、有效阅读的目标。这些阅读辅导员以高校学生为主，他们经过阅读领域专家开展的培训，进入学校和家庭辅导儿童阅读。此后，克林顿总统在多个重要场合不遗余力宣传和推进这一运动。

1997 年，在国会要求下，美国国立卫生研究院下辖的国家儿童健康和人类发展研究所（National Institute of Child Health and Human Development）所长在与美国教育部长磋商后成立了国家阅读研究组（National Reading Panel），目的是对阅读研究进行评估，包括对教授儿童阅读不同方式的有效性进行评估。国家阅读研究组包括了阅读教育、心理学和高等教育领域的 14 位知名专家。

1998 年 9 月18 日—19 日，教育部邀请全国 500 位教育人员及学者专家、教师、家长等在华盛顿特区召开全国阅读峰会（Reading Summit），商讨如何提升美国学生阅读能力以及如何强化阅读教育，鼓励各州加速培养儿童阅读能力。

1998 年,国家研究委员会（National Research Council）发表《预防儿童阅读困难》（*Preventing Reading Difficulties*），指出青少年及成人阶段可能遭遇的绝大部分阅读困难，几乎都能在幼儿期内加以避免或解决，在行动中重视早期阅读教育。

1998 年 10 月 21 日，《卓越阅读法案》（Reading Excellence Act）经克林顿总统签署生效成为正式法律。其目标主要包括以下几点：（1）让每名儿童在小学三三级结束前能够实现独立、良好地阅读；（2）通过建立在科学基础上的阅读研究成果提高儿童的阅读能力以及教师的阅读指导能力；（3）拓展高质量的家庭文化素养项目，帮助家长成为孩子的第一任老师。《卓越阅读法案》通过为各州提供竞争性资助的方式实现以上目标。《卓越阅读法案》第一次在立法中对阅读及与之密切相关的名词术语，如"有资质的职业发展培训机构"（Eligible Professional Development Provider）、"家庭文化素养服务"（Family Literacy Services）、"建立

---

① William J. Clinton. Remarks in Wyandotte, Michigan ［M］// Public Papers of the Presidents of the United States, William J. Cliton, 1996, Book 2, July 1 to December 31, 1996. Washington：United States Government Printing Office，1998：1381.

在科学基础上的阅读研究"（Scientifically Based Reading Research）、"阅读指导人员"（Instructional Staff）进行了界定，后来美国政府教育法案中与阅读相关的政策都是在此基础上发展而成的。

国家阅读研究组通过整合大量阅读研究成果，并结合此前国家研究委员会《预防儿童阅读困难》的成果，同时召开听证会，确定了阅读研究的几个重点，并进行分组研究，最后于 1999 年 2 月提交国会，2000 年 4 月正式发布报告《教儿童阅读：阅读科学研究文献及其在阅读指导上的应用的实证基础评估》（*Teaching Children to Read: An Evidence-Based Assessment of the Scientific Research Literature on Reading and Its Implications for Reading Instruction*）。该报告成为布什政府《不让一个孩子掉队法》（No Child Left Behind Act）的重要理论依据。

四、21 世纪

2002 年 1 月，布什总统签署《不让一个孩子掉队法》。这是对 1965 年联邦政府通过的《中小学教育法》（Elementary and Secondary Education Act）的一次较大的修订。《不让一个孩子掉队法》专门就阅读问题制定了两项方案：一是针对从学前班到小学三年级（K-3）儿童的"阅读优先"（Reading First）计划；另一项就是专门针对学前儿童的"早期阅读优先"（Early Reading First）计划，并规定在 2002—2007 财政年度的 6 年时间，每年投入 10 亿美元，总计 60 亿美元经费在这两个项目上。《不让一个孩子掉队法》还包含了一个"通过学校图书馆促进文化素养"计划，旨在通过给学生提供最新的图书馆资源，装备良好、技术先进的学校图书馆媒体中心，以及经过良好训练和职业资格认证的学校图书馆媒体专家来提升学生的文化素养能力和学业成绩。2001 年，该计划拨款 2.5 亿美元。2002 年开始每年拨款 1200 万美元，至 2010 年拨款 1900 万美元。2011 年 5 月，教育部中止了这项资助。①

"阅读优先"计划推行取得了较大的成绩，然而，到了后期有关它的批评也越来越多，尤其是 2006 年以后。2006 年 9 月，教育部监察长办公室（U.S Department of Education Office of Inspector General Office）发布针对"阅读优先"

---

① Sensenig V. Reading first, libraries last: An historical perspective on the absence of libraries in reading education policy [J/OL]. Journal of Education, 2010, 191（3）: 9 [2019-08-16]. http: // www.jstor. org/stable/42744151.

计划的审计报告，指出该计划在申请审批过程中存在若干违背联邦法律的情况。2008 年 11 月，美国国家教育科学研究院（Institute of Education Science）国家教育评估和地区援助中心（National Center for Education Evaluation and Regional Assistance）发布了《"阅读优先"影响研究》（*Reading First Impact Study*）[1]。这项评估报告的结论是"阅读优先"计划在阅读指导上有稳定的积极效果，但是在学生的阅读理解方面并没有统计意义上的重要影响，也就是说，那些加入联邦政府"阅读优先"计划的学生并不比那些没有加入的学生有更好的阅读表现。

2015 年，奥巴马（Barack Obama，1961— ）总统签署了《每一个学生都成功法》（Every Student Succeeds Act），以取代此前已经施行十多年的《不让一个孩子掉队法》。《每一个学生都成功法》是一部自 20 世纪 80 年代以来第一次收紧美国联邦政府在中小学教育领域的角色的法案：从联邦政府对教育的集中控制到将教育的控制权转交给各个州。新的教育法并没有像《不让一个孩子掉队法》一样出台专门的促进阅读计划，而是发起了一个意在提高整体读写能力的新计划——"为了国家所有人的文化素养教育"（Literacy Education for All，Results for the Nation，简称 LEARN），授权教育部在通过全国范围评估之后拨款给那些在文化素养指导方面落后的学校。2016 年，该计划拨款 1.6 亿美元，相较于《不让一个孩子掉队法》每年投入 10 亿美元在"阅读优先"和"早期阅读优先"计划上，不足五分之一，而且资助对象还不仅是三年级以下的学生，而是自新生儿至 12 年级的学生，同时规定州和地方政府必须将这笔拨款按不少于 15% 的比例分配给 0~5 岁儿童，不少于 40% 的比例给 K~5 年级学生，不少于 40% 的比例给 6~12 年级学生。[2]

有美国图书馆学者指出，图书馆作为致力于阅读的机构，并没有处于美国阅读推广的中心位置，其原因：一方面与美国图书馆界自身发展与定位有关也与美国阅读研究的状况有关。美国图书馆界在很长一段时间，侧重于成人读者的服务，尤其是低收入人群和移民群体。后来，又侧重于新技术的运用。儿童服务并没有

① U.S. Department of Education，IES，National Center for Education Evaluation and Regional Assistance. Reading first impact study：final report NCEE 2009—4038［R/OL］. Washington，DC：U.S. Department of Education，2008［2019-08-16］. https：//ies.ed.gov/ncee/pdf/20094038.pdf.

② Heitin，Liana. ESSA reins in，reshapes federal role in literacy［J/OL］. Education Week，2016，35（15）：19［2019-08-16］. http：//link.galegroup.com/apps/doc/A440446867/AONE?u=guel77241&sid=AONE&xid=8a4eda1f.

占据主流；另一方面美国的阅读研究长期侧重于心理学、生理学、教育学领域，而有关阅读的社会文化学研究相对比较薄弱。[①]因此，总的来说，美国阅读推广政策的最大特点就是以教育政策促进阅读推广。

第三节　美国阅读推广主体

早在 1931 年，《切尼报告》就建议阅读推广活动需要与社会相关组织举办的特定活动联合起来，其中列举的合作组织有：美国图书馆协会、美国成人教育协会、全国教育协会（National Education Association）、全国家长与教师大会（National Congress of Parents and Teachers）[②]、宗教教育国际委员会（International Council of Religious Education）、女性俱乐部联合会（General Federation of Women's Clubs），以及男孩与女孩俱乐部、商业机构、地方政府等等。

20 世纪八九十年代以后美国全国性的阅读推广活动拉开帷幕，阅读推广成为涉及社会多个领域的全民运动。政府出台有利于阅读推广的各种政策，并提供资金支持，科研机构进行阅读研究以指导阅读推广实践，学校和图书馆则是开展阅读推广活动的主要阵地，出版界和商业机构为阅读推广活动提供各种支持，媒体对阅读推广活动进行报道和宣传，行业协会及其他非营利性组织则是阅读推广活动的策划和主办方。从影响较大、延续时间较长的一些大型阅读推广活动的主办方来看，大致有以下几种类别：

一、行业及专业协会

1. 图书馆协会

自 19 世纪 90 年代起，美国图书馆协会开始倡导"暑期阅读计划"（Summer

---

① Sensenig V. Reading first，libraries last：An historical perspective on the absence of libraries in reading education policy［J/OL］. Journal of Education，2010，191（3）：9–18［2019–08–16］. http：//www.jstor.org/stable/42744151.

② 又名美国家长教师协会（Parent–Teacher Association，PTA）。1897 年建立，初名全国母亲代表大会（National Congress of Mothers），后因会员扩展至教师、父亲和其他公民而改名。

Reading Program）以鼓励儿童在暑假期间使用图书馆，培养阅读习惯。据美国国家教育统计中心进行的统计，自 1994 年以来，每年有 95% 以上的公共图书馆参与该活动，成为美国最大、覆盖范围最广、全民参与度最高的全民阅读活动。[①]

1919 年，美国图书馆协会和美国书商协会共同举办"儿童图书周"活动，直至 1944 年儿童图书委员会成立后才改由该组织负责。

1958 年，美国图书馆协会与国家图书委员会共同举办"国家图书馆周"活动，1974 年，国家图书委员会解体后，该活动由美国图书馆协会继续单独举办。

2. 出版行业协会

1919 年，美国书商协会和美国图书馆协会共同举办"儿童图书周"活动。1944 年，成立儿童图书委员会，由该委员会负责组织"儿童图书周"活动，直至 2007 年。2008 年以后转由该委员会下属非营利性文化慈善机构"每个儿童都是读者"（Every Child a Reader）负责"儿童图书周"活动。

1936 年，美国书商协会设立"国家图书奖"（National Book Awards），延续至 1942 年，后因第二次世界大战而中止。1950 年，经美国图书出版商委员会、美国书商协会、美国图书制造商协会三个出版行业组织共同重新设立"国家图书奖"。1988 年，非营利组织国家图书基金会（National Book Foundation）成立后，由其继续负责"国家图书奖"的运营管理。

3. 教育专业协会

1997 年，美国教育协会（National Education Association）的一个小型阅读工作组提出了"读遍美国"（Read Across America）的阅读推广活动创意，并选定深受儿童喜爱的童书作者苏斯博士（Dr. Seuss）的生日 3 月 2 日作为全国的读书日。"读遍美国"活动正式启动是在 1998 年 3 月 2 日，发展至今它已经成为美国经典的阅读推广活动之一。[②]

① 王小平.美国图书馆协会阅读推广项目及启示.新世纪图书馆，2017（9）：62.
② 赵俊玲，栾晓红.读遍美国（Read Across America）阅读推广项目考察分析.图书馆杂志，2012（12）：108.

二、政府部门

1. 教育部

1995 年，美国教育部长理查德·赖利（Richard Riley）发起一项读写运动，也叫"即时读写计划"（Read，Write，Now!），目标是帮助家长培养孩子良好的素养习惯（Literacy Habits），并辅助学校和其他青少年教育机构提高儿童的读写能力，其目标人群是学前儿童和小学生，尤其是幼儿园到小学 6 年级的学生。这项运动设计了暑期阅读计划（Summer Reading Program）、一对一辅导计划（Tutoring Program）等活动，并且为家长和教师提供了若干可以在家、学校和图书馆进行的活动资源。

2. 国会图书馆图书中心

国会图书馆图书中心自 1977 年成立以来开展了多种多样的阅读推广活动，尤其是 1987 年策划"全国读者年"活动以后，每年都推出不同主题的全国性阅读推广活动，例如，1989 年的"青少年读者年"（Year of Young Reader）、1991 年的"终身读者年"（Year of Lifetime Reader）、1998 年的"全美阅读日"（Read Across America Day），还有很多至今仍在开展的"一城一书"（One City，One Book）、国家图书节（National Book Festival）等。国会图书馆图书中心还设有布尔斯廷奖，专门表彰在阅读推广方面表现卓越的州图书中心。

3. 联邦政府基金会

美国国家人文基金会（National Endowment for the Humanities）和美国国家艺术基金会（National Endowment for the Arts）成立于 1965 年，均为美国国会批准设立的联邦机构，虽无行政管辖权，但负责落实联邦政府制定的文化、艺术政策和活动计划。基金会的资金主要来自政府财政拨款。2006 年初，美国国家人文艺术基金会和美国博物馆与图书馆服务学会、美国中西部艺术基金会等机构开展合作，共同发起了全美范围的"大阅读"计划，重新激活文学在美国文化中的角色。自 2006 年以来，在全美 50 个州及哥伦比亚区、波多黎各、弗吉尼亚岛等地共计资助了 1400 多个机构开展阅读活动。

三、非营利组织

1. 国家图书委员会

1954 年，美国图书馆协会和美国图书出版商协会共同倡议成立了国家图书委员会，这是一个独立的非营利性组织，目的是促进公众对图书重要价值的广泛认知，鼓励更广泛的图书发行和使用，实现阅读的自由。国家图书委员会在 1974 年解体前的 20 年时间里针对不同人群开展了大量的阅读推广活动。例如，针对学期儿童的 "大声朗读书架"（Reading Aloud Bookshelf）项目，鼓励工厂工人将书架中的书带回家读给自己的孩子听。针对 13 岁以下儿童，为帮助家长正确指导儿童阅读，该委员会邀请兰登书屋教育主任南希·拉里克（Nancy Larrick，1910—2004）撰写了《家长指导儿童阅读指南》（A Parent's Guide to Children's Reading）。该委员会的第一份出版物是《培养终身阅读习惯：阅读发展委员会会议报告》（The Development of Lifetime Reading Habits：A Report of a Conference Called by the Committee on Reading Development）。

2. "阅读是根本"

"阅读是根本" 1966 年成立于美国华盛顿特区，是美国致力于儿童素养最大的非营利组织，以激发儿童阅读热情为使命。其经费来自政府、企业、基金会及个人的拨款与捐款。目前，该组织有两大主要活动项目：一个是自成立之初就有 "拥有图书"（Books for Ownership）项目，自 1966 年以来共赠送 4.15 亿册图书；另一个是 "阅读通向成功"（Read for Success）项目，致力于弥合阅读欠缺所带来的学业差距，通过给儿童提供学校用书、给教师的辅导材料、给家长和教师的在线资源，以及供儿童暑期阅读的免费图书等全方位干预儿童的阅读。2017 年，共有 21 个州 1.1 万名学生参与了这一项目。

3. "第一图书"

1992 年，非营利组织 "第一图书"（First Book）由凯尔·齐默（Kyle Zimmer）创立。该组织有两个组成部分，一个是书库（National Book Bank），另一个是零售书店（First Book Marketplace）。其中书库是将出版商赞助的图书免费发送给教堂、学校、图书馆或其他针对低收入家庭儿童的特别服务项目（图书免费，仅收取递送费用）；零售书店则是以极低折扣将图书卖给低收入家庭、图书馆、学校或其他符合标准的服务项目。创始人凯尔·齐默获 2014 年国家图书基金会（National Book Foundation）"文学贡献奖"（Literarian Award）。"第一图书"作为很多阅读推广活动的合作方，为阅读推广活动提供图书资源。

四、媒体

华盛顿特区 WETA 是美国第二大公共电视台，其媒体学习部门制作了多个教育性多媒体服务产品，其中就包括 2001 年发起的"阅读火箭"（Reading Rockets）项目，通过网站提供有关阅读的研究报告和阅读指导资源，以及有关阅读的视频与电视节目等。自 2001 年至 2012 年，该项目主要由美国教育部特殊教育项目办公室拨款资助。2013 年，项目收到来自公共广播公司（Corporation for Public Broadcasting）的拨款。2016 年，"阅读火箭"获美国国会图书馆最高文化素养奖项（Literacy Awards）——大卫·鲁宾斯坦奖（David M. Rubenstein Prize）。

五、医学界

1989 年，2 名原波士顿市医院（Boston City Hospital）[①]的儿科医生与几名儿童早期教育者共同创立了非营利机构——"伸出援手，帮助阅读"（Reach Out and Read）。他们认为这些儿童在获得身体健康的同时，还应该获得更完善的发展，而图书和大声朗读的方式可以促进家长和儿童互动时语言的丰富性，刺激儿童早期大脑的发育。

"伸出援手，帮助阅读"按三级管理体系运营。最上层是位于波士顿的全国中心，负责全国范围的整体规划与协调。同时还有 28 个附属中心，其中 11 个是由全国中心指定的，另有 5 个独立注册的 501（c）（3）的非营利性组织，5 个美国儿科学会的地方分会，还有 7 个地方医疗系统、大学或州级机构的一部分。这些附属中心直接管理下层的项目点。这些项目点提供儿科初级护理的医疗机构，如医院、健康中心、诊所等。参与该项目的医生、护士、其他医护人员都要经过培训，并且义务帮助改善儿童早期素养和在学校的阅读。

---

① 现叫波士顿医疗中心（Boston Medical Center）。

截至 2001 年，"伸出援手，帮助阅读"扩展至美国全部 50 个州，1500 个项目点每年大约分发 1600 万册图书。目前全国共有 5800 个项目点，每年分发 900 万册图书，为美国 4700 万儿童及他们的家庭服务，其中一半是低收入家庭。美国图书馆协会、"阅读是根本"、"第一图书"、"阅读火箭"等都是其合作伙伴。

第四节 美国图书馆阅读推广活动

美国图书馆阅读推广活动主要是指美国图书馆开展的各种阅读推广活动，而不仅仅指由图书馆主办的阅读推广活动。美国阅读推广活动，尤其是大型阅读推广活动，需要动用大量的资金和人力，因此，很少有图书馆可以独立承担。图书馆作为公共文化机构，有场地和资源，更汇集了大量阅读人群，因此是除学校和家庭之外阅读推广活动的主要场所。无论哪一阅读推广主体策划的阅读推广活动都将图书馆作为重要的合作单位，很多活动的开展都离不开图书馆的支持。因此，本节简要介绍几个美国大型阅读推广活动，并通过案例了解图书馆在其中所承担的角色和任务。

一、读遍美国（Read Across America）

"读遍美国"是美国教育协会策划的阅读推广活动，选择苏斯博士的生日——每年的 3 月 2 日为"读遍美国日"（Read Across America Day），于 1998 年 3 月 2 日正式启动。每年的这一天在全美国举办庆祝活动以鼓励孩子们阅读，同时提供了很多资源和活动项目让孩子们在一年中能够持续阅读。这一活动虽然是在特定时间举行，但从侧面反映出人们阅读的热情，投入更多的时间阅读的意味。美国教育协会作为发起单位，共有 320 万的会员，同时该项目还有 50 多个非营利组织或协会作为合作单位。每年全国各个城镇的教师、图书馆员、政治家、演员、体育明星、家长和学生共 4500 多万人积极参与这项活动。

"读遍美国"网站提供有很多可供下载的资源和创意，鼓励个人或团体在"读遍美国"的大主题下去设计自己的阅读推广活动方案。可下载的资源包括形象标识、海报、书签、设计媒体宣传图片、阅读誓言、主题诗歌、主题曲，活动证书、活动日历等，还有如何吸引媒体及当地政府及学校董事会介入的建议，以及活动策划创意等。"读遍美国"网站的在线商店还售卖一些简单的活动用品，如苏斯博士帽子、"读遍美国"logo不干胶贴纸卷、活动塑料袋、活动日历及海报。美国教育协会会员每人可以免费在商店购买最多5本活动日历。"读遍美国"网站推荐阅读推广活动策划者在其合作方"第一图书"的在线零售网站低价购买"读遍美国"活动日历上呈现的图书。

"读遍美国"受到美国政府的高度重视。2010年，美国总统奥巴马在3月1日发布公告：宣布第13届"读遍美国日"拉开帷幕。第二天美国第一夫人米歇尔·奥巴马（Michelle Obama，1964— ）、美国教育部部长阿恩·邓肯（Arne Duncan，1964— ）作为特别嘉宾出席在国会图书馆举行的"读遍美国"阅读推广活动，并给孩子们朗读苏斯博士的作品。借助新闻媒体和社交媒体，各地组织宣传并分享各自的阅读推广活动，同时也为其他组织和个人提供了很好的创意来源，使得这一活动得以很好地延续下去。

在该活动的启发下，美国马里兰州教育协会在州长办公室、马里兰州教育厅、马里兰学校图书馆协会、马里兰图书馆协会等的支持下创立了"读遍马里兰"（Read Across Maryland）的阅读推广活动。每年3月是马里兰州的"读遍马里兰月"（Read Across Maryland Month），从3月2日起至31日止连续30天，每人每天至少阅读30分钟。参与活动者在4月1日前提交文字评论、视频或图片可以参与抽奖，有机会获得Kindle Fire或亚马逊的礼品卡。①

虽然"读遍美国"阅读推广活动是美国教育协会发起的，但真正具体策划和执行每年"读遍美国"阅读推广活动的还是美国教育协会的会员组织或个人，学校图书馆和公共图书馆是举办"读遍美国"活动的主体。美国中小学图书馆员被称为图书馆媒体专家（Library Media Specialist），是活动的总策划，与学校管理者和教师的沟通协调是成功策划组织阅读推广活动的关键。美国德克萨斯州博威高中（Bowie High School）的图书馆媒体专家凯莉·哈皮（Kelly M. Hoppe）曾撰文介绍她策划的"读遍美国"阅读推广活动，学区各个学校图书馆员从周

---

① Spradlin K. Read Across Maryland kicking off "30 minutes for 30 days" initiative［EB/OL］.（2010–02–25）［2019–08–16］. https：//www.times–news.com/news/local_news/read–across–maryland–kicking–off–minutes–for–days–initiative/article_aba453f3–b6df–581f–9cd7–395cf46e5444.html.

一至周五每天穿着与苏斯博士的图书主题相关的服装，周一根据《一条鱼，两条鱼，红鱼，蓝鱼》（*One Fish，Two Fish*，Red Fish，*Blue Fish*）穿红色和蓝色的衣服；周二根据《戴帽子的猫》（*Cat in the Hat*）戴傻傻的帽子；周三《穿袜子的狐狸》（*Fox in Socks*）穿很夸张的袜子……负责高中同侪协助与领导项目（Peer Assistance and Leadership System，PALS）的老师安排学生到初中所有教室给学生们读书。凯莉还鼓励教师在课堂上给学生读书，或者谈论他们喜爱的书与作者，并推荐教师到"读遍美国"网站获取教室阅读推广活动的创意。她本人还亲自到英语课上给学生们读书。① 来自新泽西州华盛顿镇高中（Washington Township High School）的图书馆媒体专家朱莉塔·迪拉兹·费希尔（Julieta Dias Fisher）和安·希尔（Ann Hill）同样认为"读遍美国"不应仅仅限于低年级段的儿童，应该将高中生也纳入其中。她们在 1 月份就开始策划，给学校管理者和教师们发电子邮件，请他们列出爱读的书单，并且邀请他们到图书馆来拿着自己喜欢的书拍照。对于缺席图书馆的教师，她们就亲自去找他们并拍照。接着，她们将这些照片制成海报，并将张贴在图书馆的布告栏上，同时还附上她们的喜爱书目。她们还从图书馆的藏书中找出这些书集中陈列，并制成条幅"教师爱读书目"并将学生们在图书馆读书的照片一起展示。为了营造节日气氛，她们扫描了苏斯博士图书的书衣制成悬挂在图书馆的装饰，还把教师们戴着《戴帽子的猫》帽子的照片做成电脑的屏保图片。图书馆工作人员则穿上专门制作的 T 恤，上面印着"书这么多，时间这么少"（So many books，So little time）的标语。她们还请学校音乐部门加入这一活动，其中一名教师就弹着吉他演唱自己创作的歌曲。最后阶段就是分享她们特别定制的庆祝苏斯博士生日的巨型蛋糕，还有其他一些点心与饮料。②

　　大型公共图书馆是美国教育协会举办"读遍美国"活动的重要场所。2013 年第 16 届"读遍美国"在纽约公共图书馆开幕，来自纽约公立学校的 250 余名儿童参加了这场活动。奥斯卡提名女演员乌玛·瑟曼（Uma Thurman，1970— ）和在艾美奖获奖儿童电视剧《少年魔法师》（*Wizards of Waverly Place*）及 ABC Family 黄金

① Hoppe K M. Read Across America High School Style［J］. Library Media Connection, 2009, 27（6）: 36–37.

② Fisher J D, Hill A. High School Students and Read Across America?［J］. Library Media Connection, 2004, 22（4）: 30–31.

时段播出的《如此一家人》（The Fosters）中担任演员的杰克·奥斯汀（Jake T. Austin，1994—　）是本届"读遍美国"活动的特约嘉宾。[①]2018 年纽约公共图书馆则是有图书专家为儿童和成年人分别精选挑选了 51 本图书：每一本书代表美国的一个州，另加上华盛顿特区 1 本，活动图片就是将这些书的封面制作成美国地图。一般来说，公共图书馆举办阅读推广活动根据赞助资金的状况决定，如果资金充裕就可以举办得更盛大一些，如果没有赞助，也可以当作图书馆常规阅读推广活动来策划。

二、一城一书（One Book Project）

"一城一书"是社区共读一本书的阅读推广活动的通称，它通过阅读和讨论将人与文学相连，同时还有助于促进社区的和谐。这一创意最初起源于美国西雅图公共图书馆的美国国会图书馆华盛顿图书中心主任南希·珀尔（Nancy Pearl，1945—　）在 1998 年发起的"如果全西雅图阅读同一本书籍（If All Seattle Read the Same Book）"的活动，将原有的图书俱乐部（Book Club）理念延展到整个城市。在 Lila Wallace 读者文摘基金会（Lila Wallace Reader's Digest Fund）和几个当地赞助商的资助下，南希·珀尔倡议公众共同阅读一本名为《甜蜜来生》（The Sweet Hereafter）的小说，并在同年 12 月，邀请该书作者罗素·班克斯（Russell Banks，1940—　）至西雅图，举办了为期 3 天的一系列免费公共活动，共同讨论这一本书。这一活动很快被其他城市效仿，例如，芝加哥公共图书馆在 2001 年发起的"One Book，One Chicago"号召整个芝加哥共读哈珀·李（Harper Lee，1926—2016）的经典小说《杀死一只知更鸟》（To Kill a Mockingbird）[②]。自此以后，"One Book"成为这类阅读推广活动的标志性名称，有"One City One Book""One Book One City""One Book One Community"等名称，也有将 City 或 Community 替换成某一具体城市或社区名称的。同类阅读推广活动从 2002 年

[①] Celebrities join Cat in the Hat，read to kids at New York Public Library actors Uma Thurman，Jake T. Austin to kick off 16th annual Read Across America Day［EB/OL］. States News Service，（2013–03–01）［2019–08–16］.http：//link.galegroup.com/apps/doc/A320852676/AONE?u=guel77241&sid=AONE&xid=299879b3.

[②] Dempsey B. One book，one community：one great idea［J/OL］. Library Journal，2009，134（14）：19–22［2019–08–17］. https：//eric.ed.gov/?id=EJ859395.

6 月的 30 个州 63 个项目快速增长至 2005 年 12 月的 50 个州 350 个项目。①

"一城一书"的概念还被很多其他组织采用，到目前为止，"一城一书"已经在北美、澳大利亚和英国的图书馆、大学、书店、文化中心等普遍开展。②

美国图书馆协会在推广这一活动上颇有贡献。2003 年，美国图书馆协会通过其公共项目办公室为图书馆员、图书馆管理者和图书馆合作组织提供策划组织"一城一书"活动的信息及指导。2004 年，美国图书馆协会在圣地亚哥的一次会议上组织了"一城一书"研讨会，为组织这类活动提供培训辅导。同时，还制作了"一城一书"资源光盘，集合了如何具体策划和推广这类活动的详细资源。美国图书馆协会网站上也设有"一城一书"的专题，提供资源光盘、活动策划指南，以及超过 150 个"一城一书"活动列表（不仅可按州查找美国的"一城一书"活动，还提供美国以外加拿大、澳大利亚和英国的"一城一书"活动），还有所有"一城一书"活动选用图书的作者及书名列表。③

公共图书馆是举办"一城一书"活动的主要机构。下面以美国弗吉尼亚州林奇堡公共图书馆为例，介绍公共图书馆如何组织"一城一书"阅读推广活动。2002 年，林奇堡公共图书馆发起了一场全城市范围的"林奇堡读书"（Lynchburg Reads）活动，选择的是美国作家约翰·斯坦贝克（John Steinbeck，1902—1968）的中篇小说《人鼠之间》（Of Mice and Men），因为 2002 年是斯坦贝克出生 100 周年，当地的高中将排演这场戏剧。小说《人鼠之间》曾被改编为戏剧搬上"百老汇"舞台，而且还被拍成了电影。因此，在 2002 年林奇堡公共图书馆安排了图书讨论、电影观看与讨论，以及斯坦贝克研究专家苏珊·席林格罗（Susan Shilinglaw）的讲座和幻灯片播映等。活动期间，此书在图书馆被借阅 300 次，在当地的书店售出 400 本，共有 500 多人参加了这次活动，其中包括去高中观看戏剧的 375 人。在此次活动基础上，2002 年 8 月，林奇堡公共图书馆组成了一个由图书馆员、教师、原学校董事会成员、书店店主、"图书馆之友"会员等构成的委员会来为"林奇堡读书 2003"

① Cole J Y. One book projects grow in popularity［EB/OL］.［2019–08–17］. https：//www.loc.gov/loc/lcib/0601/cfb.html.

② Dempsey B. One book，one community：one great idea［J/OL］. Library Journal，2009，134（14）：19–22［2019–08–17］. https：//eric.ed.gov/?id=EJ859395.

③ One Book，One Community［EB/OL］.［2019–08–17］. http：//www.ala.org/tools/programming/onebook.

选书。最终选择了詹姆斯·麦克布莱德（James McBride，1957—   ）的《水的颜色》（*The Color of Water*）。该书是当代作品，是一部充满爱、希望和灵感的作品，不仅能唤起不同年龄、种族、宗教信仰人士的共鸣，而且曾连续两年入选《纽约时报》（*New York Times*）畅销书榜单，还被评为美国图书馆协会"1996 年年度图书"。恰巧委员会的很多成员都读过这本书，因此很快就达成一致，决定选该书为 2003 年"一城一书"活动用书。林奇堡公共图书馆计划邀请作者亲临林奇堡，但无力支付 1 万美元的费用，因此开始积极寻求资助。最后负责该项目的图书馆员申请到了 4 项资助，而且兰道夫—麦肯学院加入进来，成为合作伙伴。作者麦克布莱德不仅出席图书馆的活动，还将出席该校的黑人历史庆祝活动。该校不仅在经济上给予帮助，而且还帮助进行活动宣传。图书馆将本书的馆藏增加至 33 本以保证读者可以借阅到该书，同时，会在下午和晚上安排两场讨论活动。图书馆还派出一名图书馆员义务去当地的老年人社区举办图书讨论活动。当地有 3 家书店也同意举办 4 场图书讨论活动。这些活动涵盖了白天、晚上和周六不同时间段以吸引尽量多的人群参加。除了常规的图书讨论和作者见面活动之外，林奇堡公共图书馆在咨询了前一年以这本书做了"一城一书"阅读推广活动的爱达荷州南帕公共图书馆主任凯伦·甘斯克（Karen Ganske）后，决定增加两场讲座活动：一个是兰道夫—麦肯学院图书馆馆员的"说故事：收集和保存家庭民俗"（Telling Stories：Collecting and Preserving Family Folklore）；另一个是当地拉比（Rabbi）做的"有关犹太教人们常问的十个问题"（Ten Questions People Ask about Judaism）。在活动宣传方面，图书馆给所有当地高中英语教师和 40 个最大的教堂发出信件，希望他们将该书推荐给年轻人群体；公立学校安排高年级学生在英语课堂上进行阅读；若干当地报纸针对詹姆斯·麦克布莱德和这次"一城一书"活动撰文宣传，并附上了活动安排表；该市文化传播部（Office of Communication）职员还特别为该活动设计了活动 logo、宣传页、书签，与活动日程一起打印出来，方便图书馆和当地各个书店供市民免费领取。兰道夫—麦肯学院还制作了作者出席活动的海报，寄出 1500 份活动通知。除此之外，还有网页宣传、图书馆通讯册子、以及招贴的条幅等等。由于本书作者不仅是一名作家，还是一名获奖的爵士音乐人，因此活动邀请他带着乐队一起出席。首先到当地一所高中爵士演奏后对学生做演讲，随后来到兰道夫—麦肯女子学院书店进行签名，接着与该学院的黑人学生及校友共进晚餐，最后晚上共 600 余人涌入礼堂观看演出。市长当场宣布 2003 年 3 月 18 日为"詹姆斯·麦克布莱德日"（James McBride Day）。麦克布莱德在一个小时的讲话中介绍了他的家庭以及有关阅读的经历，随后开始了他的音乐表演。活动前后图书馆的 33 本《水的颜色》被借阅 175 次，这本书在当地书店售出近 500 本。[①]

"一城一书"活动不仅仅限于图书馆主办，某些城市会由市长办公室来主持整个活动，而图书馆是其中一个部分。例如，纽约市 2017 年的"一城一书"活动是由市长办公室媒体与娱乐专员朱莉·曼宁（Julie Menin）负责。她说纽约市曾经想在 2002 年举办同样的活动，但是活动组对于选择哪本书不能达成一致，为此，纽约市官员不仅与其他曾经举办过"一城一书"活动的芝加哥、费城、西雅图的官员交流，并组建了由公共图书馆、出版商、学术界人士等共同组成的咨询委员会来推荐活动用书，最后选出 5 本再由纽约市民投票选择其中一本。投票主要是在网上进行，与此同时，还在很多地铁站设有互动数码亭供人们投票。这一活动目的之一是促进独立书店的发展。纽约史坦顿岛（Staten Island）只有一个独立书店，而布朗克斯郡一个都没有。这一 5 本书的书单能够鼓励人们在投票前先去阅读它们，甚至购买它们，因此对于出版行业的发行与销售是有推动作用的。纽约市发起的"一城一书"活动得到了新闻聚合网站 BuzzFeed 的支持，另外还邀请 5 位明星每人选择一本书制作一个宣传视频，在一个月的投票期内向公众播放。经投票最终选定的那本书的作者将出席在纽约公共图书馆的活动，纽约 5 大区的各个图书馆都会有相关活动。这本书的出版商也将给纽约 200 多个图书馆分馆捐赠 4000 多册该书。[②]

三、国家图书节（National Book Festival）

美国国家图书节是由美国国会图书馆举办的每年一度对公众免费开放的文化

① Michalik C. One book，One City，One great experience![J/OL]. Virginia Libraries，2003，49（4）[2019–08–17]. https：//ejournals.lib.vt.edu/valib/article/view/918/1199.

② Williams J. One book，One city[N/OL]. New York Times，2017–02–02[2019–08–17]. http：//link.galegroup.com/apps/doc/A479689862/AONE?u=guel77241&sid=AONE&xid=650f30ca.

盛典。通过举办作者演讲、小组讨论、作家签名、讲故事、音乐表演等一系列活动，国家图书节汇聚了众多的畅销书作者和成千上万的书迷们。国家图书节由美国前第一夫人劳拉·布什（Laura Bush，1946—　）和国会图书馆馆长詹姆斯·比林顿（James H. Bilington）于 2001 年创立。曾任图书馆员的劳拉·布什在 1995 年与朋友一起创办了德克萨斯图书节。她在 2001 年小布什总统宣誓就职前一天来到国会图书馆，在会见比林顿馆长时提出设立国家图书节的想法。第一届国家图书节于 2001 年 9 月 8 日在国会图书馆和国会大厦东草坪举行，邀请了 60 多位获奖作者、插画师等，共有大约 3 万人参加。2009 年参加人数达 13 万人[1]，2013 年有超过 20 万人参加国家图书节活动[2]。截止到 2010 年，举办国家图书节的 10 年时间，共有大约 100 万人参加了这一阅读庆典。[3]考虑到大量人流造成公园草坪的严重损害问题，自 2014 年起，连续 12 年在华盛顿国家广场举行的国家图书节迁至华盛顿会议中心（Walter E. Washington Convention Center）举行。[4]

2001 年至 2008 年由第一夫人劳拉·布什担任国家图书节的荣誉主席。2009 年至 2016 年，由美国前总统奥巴马及其夫人米歇尔·奥巴马担任荣誉主席。[5]

国家图书节的经费来自私人和公司赞助。2010 年，凯雷投资集团（Carlyle Group）联合创始人兼联合 CEO 大卫·鲁宾斯坦（David Mark Rubenstein，1949—　）捐赠 500 万元（未来 5 年，每年 100 万）给国家图书节，2013 年又增加 500 万元（再往后 5 年，每年 100 万）。鲁宾斯坦也由此担任国家图书节董事会联合主席。其他大赞助商还有美国博物馆与图书馆服务署（Institute of Museum and Library

① A decade of words & wonder：The National Book Festival at 10［EB/OL］.［2019-08-17］. http：//www.loc.gov/loc/lcib/1006/bookfest.html.

② Charles R. National book festival to move indoors this year［N/OL］. Washington Post，2014-01-08［2019-08-17］. https：//www.washingtonpost.com/news/arts-and-entertainment/wp/2014/01/08/national-book-festival-thrown-off-the-mall/?utm_term=.431bc2dff4f0.

③ 2010 Library of Congress national book festival attracts 150,000 to National Mall［EB/OL］.（2010-09-25）［2019-08-17］. https：//www.loc.gov/item/prn-10-220/2010-national-book-festival-attracts-150000/2010-09-25/.

④ Charles R. National book festival to move indoors this year［N/OL］. Washington Post，2014-01-08［2019-08-17］. https：//www.washingtonpost.com/news/arts-and-entertainment/wp/2014/01/08/national-book-festival-thrown-off-the-mall/?utm_term=.431bc2dff4f0.

⑤ National Book Festival［EB/OL］.（2018-09-01）［2019-08-17］. http：//www.independentpublisher.com/article.php?page=1851.

Services）、《华盛顿邮报》（*The Washington Post*）、美国富国银行（Wells Fargo）、美国国家艺术基金会（National Endowment for the Arts）、美国国家人文基金会（National Endowment for the Humanities）、美国公共电视网（Public Broadcasting Service，PBS）、学子出版集团（Scholastic Inc.）等。

四、大阅读计划（NEA Big Read）

自 1982 年起，美国国家艺术基金会每隔十年都会委托美国人口调查局（Census Bureau）做一项《公众艺术参与度调查》（Survey of Public Participation in the Arts），对 18 岁以上成人观看艺术表演、参观博物馆、观看艺术节目或阅读文学的情况进行调查。2002 年的调查结果出来以后，国家艺术基金会发现大部分艺术活动参与度相较于 1992 年只下降不到 1%，而文学阅读却下降得出乎意料，从 1982 年的 56.9% 下降到 1992 年的 54%，而 2002 年更是只有 46.7%，20 年间下降了 10%，也就是说不到一半的美国人还在阅读文学作品，按照 10% 的下降率，每年会减少 2000 万的文学阅读者。对于 18~24 岁的年轻人来说，这一下降趋势更为严峻：从 1982 年的 59.8% 下降到了 2002 年的 42.8%。对此，国家艺术基金会主席决定从这份调查中单独抽出文学阅读部分扩展为一份独立的报告，即《阅读危机：美国文学阅读调查》（*Reading At Risk：A Survey of Literary Reading in America*），于 2004 年 6 月公布。2004 年 7 月 8 日，纽约公共图书馆举行的专题讨论会上公布了这一报告，参加讨论会的有出版商、教育工作者、图书馆员、新闻记者和研究人员，随后引发了社会极大的关注。《纽约时报》《华尔街日报》（*Wall Street Journal*）以及二三十个广播电台和杂志都对此进行了报道。[1]

为了拯救这一严峻的阅读危机，2006 年美国国家艺术基金会和美国博物馆与图书馆服务协会（IMLS）[2]及非营利性区域艺术组织中西部艺术（Arts Midwest）共同发起了"美国国家艺术基金会大阅读"（NEA Big Read）计划。受

---

[1] Bauerlein M. Reading at risk［J/OL］. The Journal of the Midwest Modern Language Association，2005.38（1）：101–106.［2019–08–17］. http://www.jstor.org/stable/30039302.

[2] 笔者检索美国国家艺术基金会"大阅读"计划时，其网站上"大阅读"计划的介绍中撤除了IMLS，但据 2008 年吴蜀红《美国"大阅读"活动组织模式探析》一文提到"大阅读"的合作创办机构有 IMLS。

读书俱乐部和"一城一书"这类社区阅读推广项目的启发，"大阅读"计划希望通过分享一本好书扩展人们对世界、社区和自身的理解。"大阅读"计划以提供资助和项目支持的方式鼓励各个阅读推广组织开展阅读推广活动。到目前为止，"大阅读"计划每年大约会选择 75 个社区阅读推广活动予以资助，每个社区阅读推广活动可获得 5000 美元至 15000 美元的资助。除此之外，"大阅读"计划还提供活动用书资源、延伸材料和各种培训（比如，如何与当地合作方协作、发展公共关系策略、如何引导图书讨论、常见问题与解答等）。自 2006 年以来，美国国家艺术基金会已资助了 1400 多个"大阅读"计划项目，共计 1900 多万美元。"大阅读"计划已经遍布美国的每个选区（Congressional District），超过 4900 万美国人参加了"大阅读"计划，大约有 82000 个志愿者参与服务，超过 39000 个社区组织充当了"大阅读"活动的合作方。

美国国家艺术基金会"大阅读"网站列有阅读推广活动用书供申请阅读推广活动资助的机构选择。这些图书每年略有变化，有新增的图书，也有删减掉的图书。2019 年有 32 本图书可供选择。这些图书充分考虑不同文学类别、主题、背景和观点，目的是激励对话与发现。网页呈现各个图书的封面，亦可按书名列表的方式浏览。每本书有关于该书的内容介绍、作者介绍、可供讨论的问题、多媒体资源、社区故事等类别的内容。其中多媒体资源中收集了很多有关作者书中角色与情节等方面的各种音频和视频资源，一些是作者自己的演说，还有一些是其他人对作者的访谈。社区故事则摘录了以该书作为社区阅读推广活动的活动报告中关于读者反馈和活动反馈。除此之外，还有 PDF 格式的《读者资源》（*Reader Resources*）可供下载，其中不仅包含更为详细的作家与作品的介绍，还有关于作品历史文化背景和该作者其他文学作品的介绍，甚至还有影响该作者的其他作品和类似主题的其他图书推荐等。少数图书另有《教师指导》（*Teacher's Guide*）可供下载，其中包括作家生平、文化与历史、叙述与观点、人物角色、比喻性语言、象征、角色发展、情节展开、小说主题、优秀之处共 10 堂课的学习内容，每堂课还列有讨论活动、写作与研究任务（可个人完成或小组完成）及家庭作业（作业材料附在文档最后）。如果在这些图书之外想增加自己喜欢的图书作为阅读推广活动用书，可通过"大阅读"计划网站在线提交该书书名、作者信息及喜欢的理由等。

"大阅读"计划的具体执行由中西部艺术负责，其网站提供如何申请"大阅读"计划资助的具体信息。"大阅读"计划的申请人必须是美国国内税收法（US Internal Revenue）列为 501（c）（3）的非营利组织，即宗教、教育、慈善、科学、文学、公共安全测试、促进业余体育竞争和防止虐待儿童或动物等七个类型的组织；美国州、地方、部落政府的部门；免税的公共图书馆。符合条件的申请机构包括艺术中心、艺术委员会或艺术组织、学院或大学、社区服务组织、环境组织、集市和节日、信仰组织、历史协会、住房管理局、人文委员会、图书馆、文化中心、博物馆、学区、戏剧公司、行业协会、部落政府都是可以申请的。单独的各类中小学不能申请，只接受市级教育机构、学区，州或区域教育机构的申请。申请机构需要从美国国家艺术基金会提供的备选书目中选择一本举行阅读推广活动。如果该机构曾经获得过美国国家艺术中心"大阅读"计划资助的，必须选择与此前不同的一本书。在申请过程中，申请机构还需要有雇主识别号（Employer Identification Number）、DUNS（Dun and Bradstreet）标识符 [1] 和有效的联邦政府资金管理系统（System for Award Management，SAM）的注册信息。

申请"大阅读"计划资助的阅读推广项目必须符合以下要求：

1. 在多个地点举办多样性富有创意的文化活动

一个开场活动（Kick-off Event）；

对所选图书进行至少 10 场图书讨论活动；

针对所选图书至少举办一次有作者或其他合适发言人参加的专题会议；

针对所选图书举办至少两场其他形式的特别艺术活动，如与图书主题相关的艺术展览 / 竞赛、电影、音乐表演、戏剧朗读、创意写作活动等。

不同类型的活动可以进行混合，例如，开场活动可以包括专题会议和图书讨论活动。

2. 社区参与度

如果申请机构不是图书馆，则必须与图书馆合作。大学和学院申请者必须与一家不附属于其教育机构的图书馆合作；

---

[1] 这是一种商业实体或组织机构的标识符，由邓白氏公司（Dun & Bradstreet）创造，以 9 个数字代表一个行业。

申请机构需要与多种多样的其他社区组织合作以期实现超出自身机构范围的影响力；

鼓励与以下这些机构合作：艺术组织、书店、社区学院、社区服务机构、图书馆、当地商业机构、初高中、博物馆、老年中心、社会服务机构、大学、青年组织等。

3. 推广与合作力度

为了确保社区内不同年龄、文化背景、教育水平和职业背景的个人都很好地参与到"大阅读"活动中，申请机构需要通过数字媒体、印刷渠道，以及其他公共关系或市场营销手段宣传推广这一活动，可考虑与地方广播电台、电视台、印刷媒介及其他媒体推广机构合作。

这三项便是申请"大阅读"计划的主体部分，每一项都需要有文字说明和充足的支撑材料。"大阅读"网站提供了详细的申请指南，其中还包括前一年其他机构的全部申请材料供申请者参考。

具体申请时间表和流程每年会略有不同，具体要到中西部艺术"大阅读"计划网页去查询。举例来说，2018 年度的申请截止日期是 2018 年 1 月 24 日，2018 年 4 月下旬将通知申请机构是否被选中。2018 年 9 月 1 日至 2019 年 6 月 30 日是举办阅读推广活动的时间。推荐活动长度为一个月。所有推广活动的名称需统一使用"NEA Big Read"。申请者需在其阅读推广活动结束后的 45 天内提交一份最终报告（活动网页有报告模板供下载）。

2018 年"大阅读"计划授予 79 个申请机构共 100 多万美元，这些申请机构涵盖美国 34 个州以及波多黎等国家。其中有 27 个申请机构为首次获资助机构。这些机构将在 2018 年 9 月至 2019 年 6 月期间举办为期一个月的阅读推广活动。活动用书为"大阅读"网站提供的 2018 年度的 25 本图书。[1]

图书馆是参与"大阅读"计划的重要组成部分，他们或以主申请机构的身份申请举办阅读推广活动资助，或作为其他机构的重要合作伙伴参与阅读推广活动。

---

① Maher J. NEA Big Read grants announced for 2018–2019［EB/OL］.（2018–06–06）［2019–08–17］. http：//link.galegroup.com/apps/doc/A541673908/AONE?u=guel77241&sid=AONE&xid=d81129a9.

第三讲

加拿大阅读推广

    加拿大的历史、地理、政治、经济、教育、文化等因素决定着加拿大的阅读推广呈现独有的特征。这片辽阔土地上最早的居民包括第一民族、因纽特人和梅蒂斯人，16世纪沦为法国和英国的殖民地，经过"七年战争"，1763年法国战败使加拿大正式成为英属殖民地。加拿大还是一个典型的移民国家，约五分之一的国民出生于境外。民族、语言和文化的多样性造就了加拿大读者人群、出版物语种与内容的多样性，而多元文化主义政策更是被写进宪法，融入加拿大国家政策与社会生活的方方面面，其中就包括图书馆服务。在这种多元文化政策下，为增强国家凝聚力，加拿大十分强调培育本国的文化认同，因此加拿大图书馆阅读推广注重对本国出版业和本国文化的宣传与促进，具体体现在很多奖项要求，即获奖人须是加拿大公民或永久居民。这种多语种的状况也使得加拿大的阅读教育和阅读推广面临更多的问题。与美国不同，加拿大没有联邦教育部，教育由各省负责。因此，加拿大图书馆阅读推广并不像美国一样受政府教育政策主导。由于地理位置和语言的关系，加拿大图书馆阅读推广受美国图书馆阅读推广影响较大，阅读推广理念和活动模式极为相似。然而，值得一提的是，加拿大幅员辽阔，地广人稀，不同地区气候差别明显，冬季漫长，多数地区非常寒冷。因此，加拿大图书馆阅读推广活动需特别考虑时间因素和活动成本。

第一节　加拿大阅读推广历史

一、图书馆的阅读推广活动

加拿大阅读推广活动最早起源于加拿大的图书馆界。加拿大的图书馆事业很大程度上受美国影响，很多杰出的图书馆员是在美国接受图书馆学教育和理念。早在 1912 年，多伦多公共图书馆馆长聘请莉莉安·史密斯（Lillian Helena Smith，1887—1983）组建图书馆的儿童部。史密斯曾参加过在匹兹堡举办的卡内基图书馆培训学校的儿童图书馆馆员培训，又在纽约公共图书馆儿童部负责人安妮·摩尔手下工作过。通过安大略图书馆协会（Ontario Library Association）①年会的研讨会和其他活动，以及图书馆专业期刊和大众期刊上发表的文章，史密斯负责的多伦多公共图书馆儿童部的图书评价标准和图书馆儿童部的活动设计传播至整个安大略省，乃至加拿大全国。1927 年，第一本《给男孩和女孩看的书》（*Books for Boys and Girls*）出版，成为很多英语国家图书馆员、教师和家长的标准选书指南。1939 年以前，多伦多公共图书馆的儿童图书馆馆员，以及在史密斯负责的儿童部工作的图书馆员们就创建了非正式的职业网络，并加入了美国图书馆协会的儿童图书馆工作委员会。1939 年成立了加拿大儿童图书馆员协会（Canadian Association of Children's Librarians，CACL）。最初这只是安大略地区的图书馆组织，但在 20 世纪 40 年代早期就已逐步发展成为一个全国性的组织。1946 年，加拿大图书馆协会（Canadian Library Association）②成立时，加拿大儿童图书馆员协会即成为其中的儿童分部。

1947 年，加拿大儿童图书馆员协会创立了"年度儿童图书奖"（Book of the Year for Children Award），每年表彰由加拿大作家创作，并于前一年在加拿大出版的儿童图书。自 1947 年至 1963 年以前，共有 10 次被授予该奖项。1963 年以后（含 1963 年）每年授予一部获奖作品（只有 1966 年例外，同时有两部作品获奖）。

1949 年，为了促进优秀阅读，强化加拿大本国公民价值，塑造加拿大儿

---

① 安大略图书馆协会成立于 1900 年，是加拿大历史最久且持续运行至今的图书馆协会，共有 5000 多名会员，也是加拿大规模最大的图书馆协会。

② 1947 年 11 月 26 日正式依据加拿大公司法注册成为非营利的自愿组织。

宣的文化共识，加拿大儿童图书馆员协会创立了"加拿大儿童图书周"（Young Canada's Book Week），定在每年 11 月的第三周举办庆祝活动。为组织这项阅读推广活动，专门成立组委会，每年都围绕一个主题举办活动，共延续了 24 年。20 世纪 70 年代以后，因为长期的经费超支导致加拿大图书馆协会的成员对这一活动的热情消退，最终在 1973 年举办完庆祝活动后被取消。

1971 年，加拿大儿童图书馆馆员协会还设立了"阿米莉亚·弗朗西斯·霍华德—吉本插画奖"（The Amelia Frances Howard–Gibbon Illustrator's Award），每年从上一年度加拿大出版的儿童图书中选出一位优秀的插画师给予奖励，图书需适合 12 岁及以下儿童，并且插画师须为加拿大公民或永久居民。

1980 年，萨斯喀彻温图书馆协会青少年小组（Young Adult Caucus of the Saskatchewan Library Association）创立了"青少年图书奖"（Young Adult Book Award），每年选出一本加拿大青少年小说，必须是英语且于上一年在加拿大出版，而且作者必须是加拿大公民或永久居民。

"年度儿童图书奖"（Book of the Year for Children Award）和"青少年图书奖"（Young Adult Book Award）均由加拿大图书馆协会负责管理，为了有所区别，"年度儿童图书奖"所选图书主要针对 12 岁及以下儿童，而"青少年图书奖"则针对 13 至 18 岁的青少年。

二、出版界的阅读推广活动

1975 年，加拿大图书与期刊委员会（Book and Periodical Council）成立，涉及写作、编辑、翻译、出版、印刷、发行、租借、市场推广、阅读和销售等领域的组织都是其成员，包括图书馆在内。其主要目标是为成员组织提供交流的平台，达成共同的目标，并协调行动以促进加拿大写作与出版行业的发展。目前共有 6000 名个人会员和 5500 个公司与机构会员。[①]加拿大图书与期刊委员会成立后，在增强社会阅读意识和推广阅读方面开展了多项全国性的活动，并取得了相当大的成就。

---

① About the BPC［EB/OL］.［2019–08–17］. http：//www.thebpc.ca/the–publishing–industry/about–the–bpc.

1976 年，加拿大图书与期刊委员会创立了加拿大儿童图书中心（Canadian Children's Book Centre）这一全国性的非营利组织，致力于鼓励、促进、支持加拿大儿童图书的阅读、写作、插画和出版。其主要资助者是加拿大艺术委员会（Canada Council for the Arts）。1977 年 11 月 13 日至 19 日，加拿大儿童图书中心发起了第一届"儿童图书节"（Children's Book Festival）。以《鳄鱼派》①插画而知名的插画家弗兰克·纽菲尔德（Frank Newfeld）为此次活动海报绘图，参与活动的 11 位作者在全国展开讲故事巡演。活动还为教师、图书馆员、书商和家长提供阅读指南《我们的选择》（Our Choice）。② 20 世纪 80 年代，"儿童图书节"还将《教师活动指南》加入图书节的资料包。该活动一直延续至今，受道明银行集团（TD Bank Group）赞助，该活动现名为"道明加拿大儿童图书周"（TD Canadian Children's Book Week）。通过作者、插画家在全国各省举办演讲、讨论会等活动，让儿童近距离接触到创作者，激发他们对阅读的终身热爱。在这一儿童图书周内有 400 多场活动，共约 2.8 万人参加。2000 年，加拿大儿童图书中心与加拿大各地的教育局、学校董事会、图书馆等机构合作创立了"道明一年级图书赠送活动"（TD Grade One Book Giveaway），为每个一年级儿童免费赠送一本图书，每年选择一种图书作为赠送图书。目前已为全加拿大一年级儿童赠送了 55 万册图书，经费则由道明银行集团赞助。加拿大儿童图书中心还设立了 8 种儿童文学奖项，有青少年图书奖、青少年历史小说奖、神秘类图书奖、图画书奖、科幻小说奖、非小说类图书奖，以及法语儿童青少年作品奖。加拿大儿童图书中心出版有季刊《加拿大儿童图书资讯》（Canadian Children's Book News）和半年刊《儿童及青少年优秀图书》（Best Books for Kids & Teens），帮助家长、图书馆员和教育工作者了解加拿大的童书，帮助儿童选择优秀图书。加拿大儿童图书中心的多伦多办公室有一个图书馆，收藏有 1976 年以来几乎所有加拿大出版的儿童图书，可通过电话或电子邮件预约时间参观阅览。③

1989 年，加拿大图书与期刊委员会下属"推广委员会"（Promotions Committee）认为多伦多作为加拿大的出版中心，是时候主办大规模的书写文字的公众庆祝

---

① 儿童诗集《鳄鱼派》1975 年获加拿大图书馆协会"年度儿童图书奖"。

② History of Book Week［EB/OL］.［2019–08–17］. https://bookweek.ca/about–book–week/history.

③ TD Canadian Children's Book Week［EB/OL］.［2019–08–17］. https://bookweek.ca.

活动。1990 年 3 月，多伦多图书与杂志节（Toronto Book and Magazine Fair）正式注册为一家非营利组织，并以"大街上的文字"（The Word On the Street）命名。1990 年 9 月 30 日，第一届图书节在多伦多皇后西街举办，当时正值国际素养年活动（International Literacy Year），共吸引了 3 万余人参加。为了扩大影响，1994 年，多伦多图书与杂志节以"大街上的文字加拿大公司"（The Word On the Street Canada Inc.）注册成为全国性的慈善组织，以"大街上的文字：国家图书与杂志节（The Word On the Street：National Book & Magazine Festival）作为活动名称。自此以后，一些区域性的图书节加入其中：1995 年温哥华（Vancouver）和哈利法克斯（Halifax）加入，1998 年渥太华（Ottawa）和卡尔加里（Calgary）加入，2002 年基奇纳（Kitchener）加入，2010 年萨斯卡通（Saskatoon）举办预演活动，2011 年莱斯布里奇（Lethbridge）正式加入。当前，图书节在哈利法克斯、多伦多、萨斯卡通、莱斯布里奇四个城市举办，基奇纳则举办预演活动。这些区域性的图书节沿用统一的名称和徽标，仅将"国家"（Nation）替换成特定的城市名称。"大街上的文字"逐步成为加拿大最大的文化素养类庆祝活动之一。2016 年，共有 24 万人参加了超过 300 场活动，有 455 位作家和 270 多家出版商参与。[①]

三、国家阅读运动

2008 年，一群由读者、作者、教育者、图书馆员、家长、青年人、图书与杂志出版商等组成的志愿者们开展了一场国家阅读运动，探讨将加拿大塑造成为阅读国度的方法。这一组织经过不断发展壮大，在多伦多、蒙特利尔和温哥华成功举办了三次国家阅读峰会（National Reading Summit）。[②] 2009 年在多伦多召开的第一届峰会主题为"阅读与民主"（Reading & Democracy），从世界视角审视阅读，并探讨阅读与公民参与度之间的联系。2011 年在魁北克省蒙特利尔召开的第二届峰会主题是"塑造阅读国民"（Toward a Nation of Readers），关注在加

[①] The Word On the Street Canada：a brief history［EB/OL］.［2019–08–17］. https：//thewordonthe street.ca/festival–history.

[②] About us：National Reading Campaign［EB/OL］.［2019–08–17］. http：//nationalreadingcampaign. ca/national–reading–campaign.

拿大发展阅读文化的重要性，并讨论培育该文化的具体措施和步骤，旨在将加拿大建设成为一个阅读社会。2012 年在温哥华市召开了第三届国家阅读峰会，旨在为加拿大创建一种阅读策略，探讨加拿大阅读计划的蓝图以及可以预期的关键成果。通过三次峰会学习了来自巴西、荷兰、墨西哥、美国、英国等世界其他国家举办全国阅读推广运动的经验，同时也发现了加拿大国内已有的很多极具创意的阅读推广活动。随着消息传开，越来越多的志愿者加入其中，最终一百多人的团队共同研制出了加拿大独特的阅读推广策略。① 2012 年，"国家阅读运动"（National Reading Campaign）正式注册成为非营利组织，并正式出台了《国家阅读计划》（The National Reading Plan），这份文件也正是该组织的纲领性指导文件，其中明确了该组织的使命是使阅读成为国家的优先事项，愿景是创造、维持、发展阅读社会，使人人享有平等机会成为一名终身读者。"国家阅读运动"针对家庭阅读人群、学校阅读人群、原住民群体、新移民、有阅读障碍人群等不同群体开展不同的活动，提供有针对性的阅读指导建议。②

第二节　加拿大阅读推广主体

一、教育部门

阅读是基础教育的重要组成部分。加拿大在联邦政府以及没有任何专门管理教育的行政主管部门，省级政府对各个层次的教育全权负责。1967 年成立的加拿大教育部长联合会（Council of Ministers of Education，Canada）在某种程度上承担了各省教育的沟通协调工作以及泛加拿大和国际水平教育问题的领导工作。该联合会在 1993 年开始通过"学业成绩指标计划"（School Achievement Indicators Program，SAIP）测评各省和地区 13 岁和 16 岁学生的学业成绩，至 2004 年共进行了 9 次测评，数学、阅读与写作、科学各 3 次。从 2007 年开始，加拿大教育

---

① TD National Reading Summit［EB/OL］.［2019–08–17］. http：//www.nationalreadingsummit.ca.

② The national reading plan［EB/OL］.［2019–08–17］. http：//nationalreadingcampaign.ca/wp–content/uploads/2013/09/draft.pdf.

部长联合会开始组织"泛加拿大评估计划"（Pan-Canadian Assessment Program，PCAP），每三年针对加拿大各省近 3 万名八年级学生的阅读、数学和科学进行测评，为各省教育部门检测教学系统提供依据。除此之外，由于缺乏国家层面的教育主管机构，加拿大很早就加入了一些国际性的教育评估项目以了解和评估各省的教育情况，辅助教育政策的制定和调整。在阅读方面主要参与两项国际性评估：一个是依靠经济合作与发展组织（Organization for Economic Co-operation and Development，OECD）的"国际学生评估项目"（Program for International Student Assessment，PISA），该评估涉及阅读素养、数学素养、科学素养三个部分，对象是 15 岁学生；另一个是由国际教育成绩评估协会（International Association for the Evaluation of Educational Achievement，IEA）组织的"国际阅读素养进展研究"（Progress in International Reading Literacy Study，PIRLS）。每五年一次针对各国四年级学生的阅读素养进行测评：2001 年加拿大只有安大略省和魁北克省两个省参与（第一次测评），2006 年加拿大有 5 个省参加，2011 年加拿大有 9 个省参加，2016 年加拿大有 8 个省参加。这些测评报告不仅有助于了解加拿大各省的教育现状，更为加拿大的教育系统提供了国际视野和先进的教育理念。各省教育部都充分重视阅读对于儿童学业成绩及个人长期发展的重要意义。

安大略省教育部在 2001 年和 2002 年引入了"早期阅读策略"（Early Reading Strategy）项目，主要目的是帮助幼儿园至小学 3 年级的学生提高其阅读能力。省内各小学需参加包括评价、目标设定和改进计划的一个完整周期。作为该项目的一部分，2001 年安大略省教育部发布《帮助你的孩子学会阅读：家长指南》（*Helping Your Child Learn to Read: A Parent's Guide*）①，给家长提供鼓励孩子爱上阅读的指导，以及家长可充分利用的各种社会资源。2002 年 6 月，安省教育部召集了两个专家组——一个是早期阅读，另一个是早期数学——针对这两个领域汇报教学指导实践工作。2003 年，两个专家组的报告发布，其中《安大略省早期阅读专家组报告》（*Report of the Expert Panel on Early Reading in Ontario*）全面反映了由该省教育工作者和研究者们组成的专家组的观点。以此报告为基

---

① Ontario Ministry of Education. Helping your child learn to read: a parent's guide［EB/OL］.［2019-08-17］. http://www.oafccd.com/documents/readingguide.pdf.

础，安大略省教育部于 2003 年出版了《有效阅读指导指南：幼儿园至 3 年级》（*A Guide to Effective Instruction in Reading：Kindergarten to Grade 3*）[①]，目的是将阅读领域最新的研究进展融入教学指导的实践工作。全书共 13 个章节，400 多页内容。其中提到阅读教育的大背景：安大略省有 25% 的人口是来自其他国家的移民，其中 18% 的人口母语既不是英语也不是法语，在一些大城市的教育局甚至有 75 种以上不同的母语和方言。因此，这种复杂的语言背景使得该省的阅读教学面临很多障碍。针对母语不是英语的学生，很多学校提供"英语作为第二语言"（English as a Second Language，ESL）服务，有专门的 ESL 老师帮助这类学生尽快掌握英语。2004 年，安大略省教育部发布该省教育专家组对 4–6 年级学生素养的调研报告——《学习的素养：安大略省 4~6 年级学生素养专家组报告》（*Literacy for Learning：The Report of the Expert Panel on Literacy in Grades 4 to 6 in Ontario*）[②]，阅读作为素养的一部分列入报告。

2004 年，安大略省教育部出版了《让我读书？没门！——促进男孩素养能力实用指南》（*Me Read? No Way! A Practical Guide to Improving Boys' Literacy Skills*）[③]，为本省小学和初中的教师、校长和其他专业人员提供实用、有效的 13 种策略以提高学生，尤其是男孩的文化素养能力。其依据为无论是安大略省的考试[④]，还是加拿大的测试[⑤]，或是国际性测评[⑥]，都体现出男孩在阅读方面的表现明显弱于女孩。鉴于读写能力的不足会对其他科目的学习产生负面影响，甚至会影响今后的生活，安大略省教育部重点关注提高男孩的读写能力。该书于 2004 年秋发放至

---

① Ontario Ministry of Education. A guide to effective instruction in reading：kindergarten to grade 3［EB/OL］.［2019–08–17］. http：//www.eworkshop.on.ca/edu/resources/guides/Reading_K_3_English.pdf.

② Ontario Ministry of Education. Literacy for learning：the report of the expert panel on literacy in grade 4 to 6 in Ontario［EB/OL］.［2019–08–17］. http：//www.edu.gov.on.ca/eng/document/reports/literacy/panel/literacy.pdf.

③ Ontario Ministry of Education. Me read? No，way! A practical guide to improve boys' literacy skills［EB/OL］.［2019–08–17］. http：//www.edu.gov.on.ca/eng/document/brochure/meread/meread.pdf.

④ 包括安大略省教育质量及问责办公室（Education Quality and Accountability Office，EQAO）组织的 3 年级和 6 年级的全省统考，以及"安大略省中学素养测试"（Ontario Secondary School Literacy Test，OSSLT）。

⑤ 2002 年"学业成绩指标计划"（School Achievement Indicators Program，SAIP）。

⑥ 2000 年"国际学生评估项目"（Program for International Student Assessment，PISA）和 2001 年"国际阅读素养进展研究"（Progress in International Reading Literacy Study，PIRLS）。

安大略省的每个学校，随后得到了若干反馈，安省的小学和中学教师在此基础上提出了"男孩素养教师调查项目"（Boys' Literacy Teacher Inquiry Project），被安大略省教育部批准并资助。该项目经过 3 年的调研，2009 年发布最终报告《让我读书？怎么做！——如何促进男孩素养能力安大略省教师报告》（Me Read? And How! Ontario Teachers Report on How to Improve Boys' Literacy Skills ）[①]。报告要求教师在课堂上提供合适和公平的机会，充分考虑不同学生的特点和需求，采用不同的策略引导和培养学生的阅读能力。报告在此前提出的 13 种策略基础上增加了一条新的策略，并且在每个策略下都加入了来自很多学校教育工作者相关的经验。

　　魁北克省教育部发起了"学校阅读"（Reading in School ）项目，自 2016 年设立了众多的阅读奖项，以表彰和鼓励这些从事阅读推广活动的人士所做出的贡献。这些奖项分为两大类：一类是"阅读认知奖"（Reading Recognition Awards ），奖励通过阅读教学帮助提高学生阅读习惯的阅读推广项目；另一类是"星火奖"（ Spark Awards ），奖励在教育系统中对学生热爱阅读起到积极影响的个人。其中，"阅读认知奖"中由省教育部颁发的有 1 个教学奖和 5 个省级阅读认知奖，另外还有 10 个来自其他合作机构的专项奖，如魁北克国家图书馆暨档案馆的"图书馆服务奖"、魁北克作家和作家联盟的"魁北克文学促进奖"、魁北克小学教师协会的"小学阅读推广奖"等。"星火奖"每年度评选出 7 名获奖者，任何人都可通过该省教育部网站下载提名表，填写要提名的教育界人士的基本信息以及提名该人的理由。[②]

二、图书馆界

　　加拿大阅读推广活动最早始于加拿大的图书馆界，尤其是图书馆协会的成立，使得大规模阅读推广活动的开展成为可能。1900 年，安大略图书馆协会作为加

---

① Ontario Ministry of Education. Me read? And how：Ontario teachers report on how to improve boys' literacy skills［EB/OL］.［2019-08-17］. http：//www.edu.gov.on.ca/eng/curriculum/meRead_andHow.pdf.

② Reading in school［EB/OL］.［2019-08-17］. http：//www.education.gouv.qc.ca/en/current-initiatives/reading-in-school.

拿大历史最悠久的图书馆协会成立。此后，各省各类型的图书馆协会纷纷成立。1971 年大约有 45 个，到 1981 年便增加到大约 160 个。① 1946 年，加拿大图书馆协会先后设立了"年度儿童图书奖""阿米莉亚·弗朗西斯·霍华德 – 吉本插画奖"和"青少年图书奖"，创立了"加拿大儿童图书周"活动。除"加拿大儿童图书周"在举办了 24 年之后取消之外，"年度儿童图书奖"和"青少年图书奖"，以及"阿米莉亚·弗朗西斯·霍华德 – 吉本插画奖"一直由加拿大图书馆协会负责运营，直至 2016 年 6 月，加拿大图书馆协会经会员投票决定解散。

2007 年，为了帮助公众认识图书馆在加拿大人生活中的重要作用，加拿大图书馆协会发起全国图书馆月活动，将 10 月定为"加拿大图书馆月"（Canadian Library Month）。在整整一个月内，加拿大全国的图书馆及图书馆合作方都积极举办各种活动以提升图书馆社会价值，让人们认识到图书馆并不仅仅是找书的地方，还可以促进文化意识、融入社区生活、提供教育活动、支持自由表达等等。加拿大图书馆协会解体后，加拿大图书馆协会联合会（Canadian Federation of Library Associations）继续承办"加拿大图书馆月"活动，并在 2016 年将每年 10 月的第 3 个星期五定为"加拿大图书馆工作人员日"（Canadian Library Workers Day）。② 各省图书馆协会也选择在 10 月举办多种庆祝活动。例如，安大略图书馆协会则将 10 月的第一周定为"第一民族③ 公共图书馆周"（First Nations Public Library Week），第三周定为"安大略公共图书馆周"（Ontario Public Library Week）。安大略图书馆协会是这些活动的协调负责方，为本省各图书馆及图书馆合作方提供各种活动宣传材料，举办开幕式和其他活动。"第一民族公共图书馆周"最初于 2000 年由原住民图书馆员发起，2018 年起由原来的 2 月举办活动改为 10 月的第一周。2018 年，安大略省共有 47 个图书馆服务于第一民族社区。根据 2016 年安大略公共图书馆年报，46 家第一民族图书馆服务于 50232 名第一民族社区的民众，其中有 17458 名是活跃的图书馆用户，1978 名参加了"第一民族

① 罗素冰．加拿大图书馆协会．图书馆学研究，1983（5）：131.
② Canadian library month［EB/OL］．［2019–08–17］. http：//cfla–fcab.ca/en/programs/cdn–library–month.
③ 第一民族（First Nations）指加拿大境内的北美洲原住民及其子孙，但不包括因纽特人（Inuit）和梅蒂斯人（Metis）.

公共图书馆周"活动。活动海报的插图由第一民族知名艺术家绘制，同时还设计活动手册，宣传本年的活动主题，并包含很多活动方案供图书馆使用。2018 年"安大略公共图书馆周"还特别举办了"图书服装比赛"（Book Outfit Contest），参赛者选一本书搭配自己穿的衣服拍照，可以是单人照，也可以是集体照，统一使用文字标签 #OPLWBookOutfit#，分享照片到 Twitter，Facebook，Instagram，并编辑文字说明是如何使用自己的图书馆卡或为什么你喜欢公共图书馆，奖品分别是价值约 200 加元的图书套装或电子阅读器。①

不列颠哥伦比亚图书馆协会及该省的所有公共图书馆自 1991 年发起了"不列颠哥伦比亚暑期阅读俱乐部"（BC Summer Reading Club）活动，为该省 200 个社区超过 15.5 万儿童提供服务。活动得到了该省教育部及皇家银行基金会（RBC Foundation）的支持。其活动网站发布了 39 种语言版本的一篇供家长阅读的《暑期阅读的价值》（The Value of Summer Reading），充分体现了加拿大多语言、多元文化社区的特色。"不列颠哥伦比亚暑期阅读俱乐部"还通过网络征集的方式选出每年活动的艺术家（需为本省居民，且在过去五年内出版过儿童或青少年插画作品），以合同方式付费请其为活动绘制海报及阅读记录册和贴纸插图。该活动还特别考虑生态友好，所有印刷品的纸张、印刷油墨及印制环节充分考虑环保和回收利用。该活动的宣传片（视频）中除了字幕之外，还有人同时使用手语表达，充分考虑了各种人群尤其是存在某些阅读障碍的人群，为其提供的阅读书单还包括了一些有声读物。活动材料十分丰富，包括：海报、LOGO、书签、阅读记录本、贴纸、涂色纸、文身贴纸（Tattoo）、立体贺卡、奖章、成绩单、T 恤衫等。其中活动海报有英语和法语两个版本。专门为图书馆组织活动设计的《图书馆手册》中详细介绍了该活动，并针对暑期的时间列出 7 个每周的子主题，分别是关于交通、动物与昆虫、体育运动、发明与创造、时空旅行、音乐与舞蹈、电影与动画。每一主题下又根据 3~5 岁、6~8 岁、9~12 岁不同年龄段推荐 5 本阅读书目。为帮助图书馆组织活动，甚至还针对每个主题列出了开场的欢迎歌曲和结束歌曲，可与图书搭配的其他歌曲、讲故事、手工与游戏活动，等等。②

① Ontario public library week［EB/OL］.［2019–08–17］. https：//www.accessola.org/web/OLA/OPLA/Ontario_Public_Library_Week/OLA/OPLA/Ontario_Public_Library_Week.aspx.

② BC summer reading club［EB/OL］.［2019–08–17］. https：//kidssrc.libraries.coop.

1994 年，多伦多公共图书馆发起了"道明暑期阅读俱乐部"（TD Summer Reading Club）活动，由道明银行集团（TD Bank Group）提供赞助。2001 年，该活动迅速扩展至整个安大略省。2004 年起该活动得到加拿大国家图书馆暨档案馆（Library and Archives Canada）的支持，服务范围扩展至整个加拿大。目标是利用暑期时间巩固儿童在学校中学到的知识、防止暑期学习下滑、提高阅读兴趣和阅读能力、鼓励经常使用图书馆。[①]

安大略图书馆协会发起的"阅读森林"（Forest of Reading）是加拿大最大规模的娱乐性阅读项目，每年有超过 27 万人参加。[②]"阅读森林"共包括 8 个阅读子项目以鼓励各个年龄段的人们热爱阅读，同时也帮助促进加拿大出版业。其中蓝杉奖（Blue Spruce Award）主要针对幼儿园到 2 年级的学生，图书类型是绘本；银桦奖（Silver Birch Award）主要针对 3~6 年级的学生，图书类型是小说 / 非小说 / 表达；红枫奖（Red Maple Award）主要针对 7~8 年级的学生，图书类型是当年出版的小说和近两年的非小说；白松奖（White Pine Award）主要针对 9~12 年级的学生，图书类型是小说；另外还有三个专门针对法语图书的奖项和一个针对成人的常青奖（Evergreen Award）。每年 10 月，安大略图书馆协会宣布每个奖项的备选书目，大部分学校和公共图书馆在 12 月和 1 月开始评选活动，学生们为自己喜欢的图书投票，每年 5 月的"树木节"（Festival of Trees）上宣布结果，常青奖则在安大略公共图书馆周宣布。这些图书都是加拿大本土原创作品，这样的图书评选活动不仅鼓励人们阅读，同时也有助于促进本国图书的创作、生产和销售。学校图书馆、公共图书馆、其他文化单位乃至家庭都可通过网站进行缴纳注册费。对于个人而言，一般在学校或公共图书馆参加是免费的。"树木节"是在多伦多举办的为期两天的文化素养类庆典活动，届时会颁布"阅读森林"的若干奖项，举办作者 / 插画师研讨会，还有作家签名、娱乐活动及游戏、赢取大奖和图书等活动，有超过 12000 人参加多伦多的"树木节"活动。2012 年起，该

---

① Fortin L，Polidori J. TD summer reading club：A partnership in motion［EB/OL］.［2019–08–17］. https：//www.ifla.org/files/assets/libraries–for–children–and–ya/publications/Polidori.pdf.

② About the Forest of Reading［EB/OL］.［2019–08–17］. http：//www.accessola.org/web/OLA/Forest_ of_Reading/About_the_Forest/OLA/Forest_of_Reading/About_the_Forest.aspx? hkey=1eb8d37c– 613b–4111–a940–d1eee01979ed.

活动扩展到安大略省的其他城市，有若干卫星节在该时段举办。2014年，多伦多还举办了第一场法语"树木节"（French Festival of Tree）活动。

加拿大的图书馆界受美国的影响较大，不少图书馆也开展过"一城一书"（One Book，One City）阅读推广活动。2004年，安大略省汉密尔顿公共图书馆发起了全城的"一城一书"活动。这是加拿大境内第三个吸引大量媒体和读者的同类活动。2006年，在汉密尔顿社区基金会（Hamilton Community Foundation）、《汉密尔顿旁观者》（*Hamilton Spectator*）和当地一个家庭基金会的资助下，汉密尔顿公共图书馆与艺术汉密尔顿（Arts Hamilton）共同发起了"一城一书：通过艺术一起扶贫"的活动。从2006年11月至2007年5月，鼓励人们共同阅读《寻找X》（*Looking for X*），这是一个通过成长于多伦多丽晶公园低收入社区的11岁女孩的眼睛描述的故事。活动期间还有一个长达一个月的艺术展——"一城一书：艺术表现贫困"（One Book，One City：Arts Speak About Poverty）。据组织者估计，共有大约7800人参与了近50场阅读和艺术活动。[1]

三、出版界

加拿大总督文学奖堪称是加拿大最大的国家级文学奖，最早由加拿大总督特威兹穆尔勋爵（Lord Tweedsmuir，1875—1940）和加拿大作者协会（Canadian Authors Association）于1936年创立。1959年后，该奖由加拿大艺术委员会（Canada Council for the Arts）负责运营。该奖每年评选一次，由评审从上千件的英语、法语作品中评选出入围作品涉及，颁给小说、非小说、诗歌、戏剧、青少年文学（文字）、青少年文学（插图）、翻译七大奖项。除了获奖者可得到高额奖金之外，出版商也能得到3000元美金作为推广作品的经费。[2]

加拿大图书与期刊委员会是一个涉及创作、编辑、出版、印刷、销售、阅读等各个环节的伞状组织，于1975年成立，其目标是通过对各个环节共同利益的关注来强化出版的整体实力。在阅读推广方面，该组织成立的加拿大儿童图书中

---

[1] Makhoul A. Hamilton's "One Book，One City：Tackling Poverty Through the Arts" project［EB/OL］.（2007–09–30）［2019–08–17］. https：//maytree.com/wp–content/uploads/646ENG.pdf.

[2] 加拿大总督文学奖［EB/OL］.［2019–08–17］. https：//www.douban.com/group/topic/33205605.

心设立了众多的儿童文学奖项，还通过其出版物宣传、介绍儿童图书。自20世纪70年代起图书中心就发起了"儿童图书节"活动，后来以"道明加拿大儿童图书周"的名义继续举办。加拿大儿童中心还创办了"道明一年级图书赠送活动"（TD Grade One Book Giveaway）。加拿大图书与期刊委员会还创立了"大街上的文字"：国家图书与杂志节。出版界还作为合作方积极参与了各类阅读推广活动。例如，2008年发起"国家阅读运动"时，加拿大出版商协会（Association of Canadian Publishers）就是合作方之一。

2015年，不列颠哥伦比亚图书出版商协会（Association of Book Publishers of BC）发起了"阅读不列颠哥伦比亚"（Read Local BC）项目，该项目每年开展一系列活动鼓励公众以阅读、分享、购买该省出版的图书来支持当地出版产业。活动通过网站和社交媒体宣传本省作家、图书，报道行业新闻，提供每周本省畅销书榜，同时安排作家到不同图书馆举办讲座。①

加拿大最大的连锁书店品牌Indigo于2004年注册成立了"Indigo热爱阅读基金会"（Indigo Love of Reading Foundation），同时建立了该基金会的网站。②基于加拿大公立学校图书馆在过去25年中的预算严重削减导致图书严重缺乏的现状，该基金会自成立以来共资助2800万元给加拿大3000余所急需资助的小学图书馆，90万名学生从中受益。该基金会主要通过两个项目实现对学校的资助：一个是"文化素养基金"（Literacy Fund），另一个是"捐助一所学校"（Adopt a School）。"文化素养基金"来自于Indigo公司及其顾客和雇员的捐款，每年给全国的小学资助150万元。接受捐助的学校需要将其得到捐助资金的10%用于开展促进文化素养的活动，剩下的90%用于Indigo及其名下Chapters和Coles公司购买图书，并享受七折优惠。"捐助一所学校"活动在每年秋季，有3周的时间通过网络捐款以及在所有门店内设置捐款的方式筹集资金资助急需帮助的学校。该基金会认定公立学校每年图书馆每个学生每年预算少于30加元的即为急需帮助的学校。学校需要在基金会活动网站进行注册才被列为捐助对象。

① Read local BC［EB/OL］.［2019-08-17］. https：//www.readlocalbc.ca.
② Indigo love of reading foundation［EB/OL］.［2019-08-17］. https：//www.loveofreading.org.

四、医疗卫生界

早在 2002 年，加拿大儿科学会（Canadian Paediatric Society）就在主办的专业期刊《儿科 & 儿童健康》（*Paediatrics & Child Health*）上发表立场声明（Position Statement）——《在医生办公室提高文化素养》（*Promoting Literacy in the Physician's Office*），2006 年发表了其修订版——《读，说，唱：在医生办公室提高文化素养》（*Read，Speak，Sing：Promoting Literacy in the Physician's Office*），指出经过同行评审的研究表明，当医生与父母讨论儿童文化素养发展问题，并为之提供儿童图书时，他们可以对家庭看待阅读的态度、儿童阅读频率和学前语言成绩产生积极影响。该声明指出低文化素养的根源是儿科问题，这一问题随着儿童入学后读写落后于同龄人而凸显出来。儿童早期语言能力是阅读能力的基础，而这又与儿童是否具有丰富的语言环境和语言互动有关，而且在婴儿期和学步期接触图书可以促进早期读写能力的发展。美国发起的"伸出援手，帮助阅读"（Reach Out and Read）项目，每年在 3000 家诊所及医疗机构中服务于 250 万儿童，这种医疗界干预文化素养发展模式被很多同行评审论文所研究。根据这些研究，声明最后给医生和医疗保健专业人员提出若干提高儿童文化素养的建议，并附上若干表格，展示不同阶段儿童素养发展的指标、不同阶段儿童喜欢的图书、检查过程中使用图书的技巧等。

多伦多圣麦克尔医院（St. Michael's Hospital）是附属于多伦多大学的教学医院，2015 年 1 月，该医院的家庭与社区医药部（Department of Family and Community Medicine）与多伦多公共图书馆共同发起了加拿大第一个"伸出援手，帮助阅读"（Reach Out and Read）活动。在正常儿童 6 个月到 5 岁的常规体检中，医生和护士会和父母谈及对孩子大声朗读的重要性，并且给每个孩子适合他们发展的图书，并在候诊室里维护一个藏书丰富的图书馆。如果是进入幼儿园阶段的儿童，家里应该有一个不少于 5 本图书的家庭图书馆。多伦多公共图书馆提供 4000 份阅读套装给初次到访的家庭，里面包括一本资源指南——《让我们准备读书资源指南》（*Let's Get Ready for Reading Resource Guide*），里面有很多专业儿童图书馆员撰写的帮助阅读的技巧、活动以及推荐读物。这项活动得到了该医院基金会（St. Michael's Hospital Foundation）的 1.4 万加元资金，为 2015 年 1 月至 6

月试点项目购买图书，"第一图书加拿大公司"（First Book Canada）为活动购买图书提供特别折扣，"儿童书库"（Children's Book Bank）则为候诊室提供了一些二手图书。多伦多公共图书馆每年一度的"最初的和最好的"（First and Best）图书评选，选出适合 0~5 岁儿童的十本加拿大童书，由其出版商捐助用于候诊室图书馆。①

位于新斯科舍省首府哈利法克斯的 IWK 健康中心于 2002 年发起"读书给我听"（Read to Me）活动，为该省新生儿免费提供阅读礼包，内含图书、阅读资源和图书馆卡。这个阅读礼包有英语、法语、阿拉伯语、汉语和一种原住民语言可供选择。"读书给我听"每年为 9 家医院提供阅读礼包 9000 份，自 2002 年以来共送出 13.1 万份。②

安大略省奥里利亚公共图书馆（Orillia Public Library）与奥里利亚士兵纪念医院（Orillia Soldiers' Memorial Hospital）、蝎狮书店（Manticore Books）合作发起"出生即阅读"（Born to Read）活动，为在该医院出生的新生儿免费提供阅读礼包，礼包包含一个包、两本书，还有关于图书馆活动的信息、婴儿伤害保护计划③的会员卡。④安大略省圭尔夫公共图书馆与圭尔夫总医院于 2017年也发起了"出生即阅读"项目，每个新生儿家庭将得到一个"出生即阅读"素养包，包是环境友好型材质制作，内含由"图书馆之友"捐赠的一本纸板书、一本社区烹饪书、介绍早期素养重要性的小册子、介绍圭尔夫公共图书馆故事活动的小册子、一本该图书馆编辑的杂志《联结》（Connections）、一张 2 年无超期罚款的图书馆卡、圭尔夫总医院基金会发起的"未来的脚印"（Footprints for the Future）计划介绍。⑤

---

① Shepherd L. St. Michael's hospital and Toronto public library launch Reach Out and Read program to promote childhood literacy［EB/OL］.（2015–01–27）［2019–08–17］. http：//www.stmichaelshospital.com/media/detail.php?source=hospital_news/2015/20150127_hn.

② Read to me［EB/OL］.［2019–08–17］. https：//www.readtome.ca.

③ 婴儿伤害保护计划是指父母不需为 2 岁以内的婴儿对图书的损害进行赔偿。

④ Orillia public library：born to read［EB/OL］.［2019–08–17］. https：//www.orilliapubliclibrary.ca/en/about–us/support–your–library.aspx#Born–To–Read.

⑤ Guelph public library：born to read［EB/OL］.［2019–08–17］. https：//www.guelphpl.ca/en/services/born–to–read.aspx.

五、其他非营利组织

1. "儿童书库"（Children's Book Bank）

从事了 20 年法律工作的律师基姆·贝蒂（Kim Beatty）于 2008 年辞去工作，创立了"儿童书库"这一慈善机构，为多伦多地区低收入家庭的儿童提供免费图书和文化素养类活动。"儿童书库"的门店坐落于多伦多丽晶公园社区，是由一所老房子改造而成，看起来与书店和图书馆类似。只不过这些图书来自人们捐出的不再需要且保管良好的图书。每个儿童每天可以从这里免费带走一本喜欢的图书。"儿童书库"还接待学校的参观活动，并组织图书俱乐部活动，同时还向社区中心、学校、医疗机构等捐赠图书。2017 年，"儿童书库"共捐出 12.7 万册图书。

2. "第一图书加拿大公司"（First Book Canada）

"第一图书"是于 1992 年由凯尔·齐默（Kyle Zimmer）在美国创立，2008 年，"第一图书加拿大公司"在多伦多成立，主要通过书库（National Book Bank）和零售书店（First Book Marketplace）两大项目运营，与美国公司完全一致。其中书库是将出版商赞助的过剩库存图书免费发送给教堂、学校、图书馆或其他针对低收入家庭儿童的特别服务项目（图书免费，仅收取递送费用）；零售书店则是以极低折扣将图书卖给低收入家庭、图书馆、学校或其他符合其标准的服务项目。自 2009 年以来已为加拿大低收入家庭分发了 600 万册图书。

3. 国际同济会（Kiwanis International）

国际同济会是一个服务儿童的全球性组织，总部在美国印第安纳州的印第安纳波利斯，全球共有约 60 万会员，每年大约募集 1 亿多美元。同济会渥太华俱乐部（Kiwanis Club of Ottawa）发起了"同济会阅读马拉松"项目以鼓励儿童成为更好的阅读者。活动针对幼儿园至小学 8 年级学生，帮助他们成为更好的读者和学习者。学生在 3 周的时间内每天在学校或家中阅读图书，并在阅读记录册中记录读了什么书以及读了多长时间，父母、教师或其他监护人需签名确认。活动提供学校指南向学校介绍这一活动，此外还有一个工具套装，包括了如何组织、发起运作这一活动所需的各项资源。2003 年，"阅读马拉松"在 16 所学校举办，共 4677 名学生参与，学生们共读了 38286 册图书。其中一些学校还借此活动为同济会募集资金。2007 年，该活动扩展至 13 个国家 222 所学校的 53000 名学生。[①]

第三节　加拿大图书馆阅读推广活动

一、"道明暑期阅读俱乐部"（TD Summer Reading Club）

研究显示，学龄期的儿童如果在暑假中断阅读会使他们的阅读能力急剧下降。更多的研究表明，如果儿童在四年级之前不能流畅阅读，那么他们很可能永远无法适应印刷文字。[②]因而，加拿大有很多公共图书馆都会开展暑期阅读俱乐部的活动。

"道明暑期阅读俱乐部"初始于 1994 年，在道明银行集团赞助下，由多伦多公共图书馆为其 99 家分馆创立的暑期阅读推广项目。[③]2004 年起，加拿大国家图书馆暨档案馆成为"道明暑期阅读俱乐部"项目的联合发起人，道明银行集团仍旧为该项目提供资金赞助。此后，该项目逐步发展成为加拿大规模最大的儿童免费双语[④]暑期阅读项目。最近的数据显示，"道明暑期阅读俱乐部"在全加拿大2061 家公共图书馆举办了 38000 个活动，共吸引 718399 个参与者。[⑤]项目旨在激发孩子们以自己的方式探索阅读的乐趣，而这也正是构建终身热爱阅读的关键。

多伦多公共图书馆有专门职员负责为"道明暑期阅读俱乐部"项目提供创意和内容指导，在活动的艺术及图案设计过程中提供指导，创建并维护"道明

---

① The Kiwanis Read-a-thon［EB/OL］.（2012-02-24）［2019-08-18］. https：//www.ottawakiwanis. org/about-the-club/the-kiwanis-read-a-thon.html.

② Why run a summer reading club［EB/OL］.［2019-08-18］. https：//www.tdsummerreadingclub.ca/ staff/how-to-run-a-successful-program.

③ TD summer reading club［EB/OL］.［2019-08-18］. https：//www.collectionscanada.gc.ca/ childrenliterature/005001-1000-e.html.

④ 加拿大的官方语言是英语和法语。活动的双语设计可以实现更多人群的包容性。

⑤ About the TD summer reading club program.［EB/OL］.［2019-08-18］. https：//www.tdsummerread ingclub.ca/staff/about.

暑期阅读俱乐部"网站；加拿大国家图书馆暨档案馆也有专门职员负责"道明暑期阅读俱乐部"相应的法语内容，主持每年的"道明暑期阅读俱乐部图书馆奖"（TD Summer Reading Club Library Awards）[1]，并在春季向全国分发活动纸质印刷资料。[2]

"道明暑期阅读俱乐部"设有三个委员会：创意委员会（Creative Committee）、法语委员会（Francophonie Committee）和全国委员会（National Committee）。创意委员会由多伦多公共图书馆的儿童馆员组成，职责是选择英语活动用书、制作活动的打印资料内容、组织馆员培训并参与每年馆员活动手册的制作[3]。法语委员会由加拿大法语公共图书馆的儿童馆员组成，职责是选择法语活动用书、制作活动的印刷资料及馆员活动手册的法语部分。全国委员会由全加拿大的图书馆员组成，是加拿大不同地理和文化景观的代表，职责是监督创意内容的创作、主题与艺术的协调等。[4]

"道明暑期阅读俱乐部"每年设有不同的活动主题，2018 年"道明暑期阅读俱乐部"的主题是"浇灌你的激情"（Feed Your Passions），鼓励并帮助儿童发现并探索他们的激情。

"道明暑期阅读俱乐部"采取线上线下相结合的方式提供服务。"线上"是指通过官方网站为各个参与项目的地方公共图书馆、家长和儿童提供相关信息和服务；"线下"是指各参与项目的地方公共图书馆在馆内进行活动宣传和活动组织。各年龄段的儿童及其家长可以在图书馆参与活动，亦可通过网络在任何方便的时间和地点参与活动。

"道明暑期阅读俱乐部"网站有三个入口，主入口即该网站的主页，是儿童入口，有图书（Books）和活动（Stuff to Do）两大类别，图书类包含三部分：一

---

① 该奖自 2007 年起设立，用于奖励在"道明暑期阅读俱乐部"活动中最具创新和有效的地方公共图书馆。

② Program partners［EB/OL］.［2019–08–18］. https：//www.tdsummerreadingclub.ca/staff/program–partners.

③ 因"道明暑期阅读俱乐部"最终要落实在每个公共图书馆，因此需要各公共图书馆的馆员了解和熟悉如何运作这一阅读推广活动。

④ Program committees［EB/OL］.［2019–08–18］. https：//www.tdsummerreadingclub.ca/staff/program–partners.

部分是"道明暑期阅读俱乐部"推荐读物（We Recommend），一部分是儿童推荐读物（Kids Recommend），最后一部分是畅销书（Popular），单独将前两部分图书中得到评论数最高的那些图书予以展示。这些图书下方都可供儿童进行评分和撰写评论，增强儿童的参与感。活动类有六部分：一是每年聘请 2 名加拿大著名童书作家（一名撰写英语故事，另一名撰写法语故事）和 1 名插画家创作的特写故事（Feature Story），故事的每个章节后面设有一个提问，孩子们可在下面评论区回答这个问题；二是笑话（Jokes），这些笑话都是以提问的方式出现，孩子们可自己先思考，然后点击"看答案"核对，同时还可点击是否"喜欢"，表达自己的感受；三是画画课（Drawing Lessons），提供一些简单的绘画教学，比如如何画大象、猴子、猫等等；四是故事入门（Story Starters），提供若干写好开头的故事，请孩子们继续往下写；五是涂色纸（Colouring Sheets），提供若干设计好的图案，孩子们可打印下来进行涂色；六是荒唐的故事（Silly Stories），提供若干故事的名字，让孩子们在已提供好的类别下的方框填写自己喜欢的词，然后点击"看你的故事"就可呈现一篇含有这些词汇的故事。

"道明暑期阅读俱乐部"网站的右上角有家长入口，内容包括"道明暑期阅读俱乐部"的介绍、孩子如何参加"道明暑期阅读俱乐部"、将儿童培养为阅读者的方式、"道明暑期阅读俱乐部"有哪些活动材料、"道明暑期阅读俱乐部"为阅读障碍儿童提供哪些服务、特别推荐读物、介绍撰写"特写故事"的艺术家和作者。

"道明暑期阅读俱乐部"网站的右下方有图书馆职员入口，内容包括"道明暑期阅读俱乐部"的介绍（比家长入口的介绍更为详细，包括该项目历年的统计数据）、"道明暑期阅读俱乐部"品牌（页面末尾还有更为详细的 PDF 格式《品牌使用指南》可供下载）、如何组织活动、可用资源、新闻等等。

我们可通过 2018 年活动日程安排大致了解其每年的活动安排：1 月 5 日，"道明暑期阅读俱乐部"的图书馆职员入口发布本年度的推荐书目、活动创意、品牌宣传相关使用文件，并可下载有关本年活动的备忘录，并填写订单免费申请活动材料。活动材料订单截止日在 1 月 23 日。3 月中旬至下旬，"道明暑期阅读俱乐部"的图书馆职员入口的栏目"组织活动"（Run the Program）部分内容正式发布。4月中旬开始向全国各图书馆发送活动的印刷材料。6月，"道明暑期阅读俱乐部"的儿童入口正式开放。6月16日至23日是"道明暑期阅读俱乐部"的启动周，各图书馆可以选择这一周的任意一天作为活动开幕日。

申请活动材料的订单前部分是一个《有关使用这些材料的协议书》(*Letter of Agreement Regarding the Use of Materials*)，里面约定了图书馆在使用过程中必须履行的义务，例如：不得修改这些宣传推广材料（除在空白处贴自己图书馆的 logo 和地址外）、在图书馆网站增加"道明暑期阅读俱乐部"的链接、收集活动数据并在要求的截止日之前完成当年的统计与评价表等。订单中的印刷材料包括学龄期儿童笔记本（School Age Notebook）、学前儿童笔记本（Pre-reader Notebook）、网络访问贴纸（Web Access Sticker）、整张贴纸（Sticker Sheet）、热门推荐读物（Top Recommended Reads）、英文版算命纸先生（English Fortune Teller）、法语版算命纸先生（French Fortune Teller），需在订单中填写每种材料需要的数量，并在最后填上图书馆的基本信息。订单信息完成后需统一提交到所在省级或地区的活动协调人那里，如果是独立图书馆则可以单独提交到"道明暑期阅读俱乐部"。

每年6月中下旬，"道明暑期阅读俱乐部"启动之后，孩子们可以在当地图书馆报名参加该活动，同时领取一个笔记本（笔记本有针对0~5岁儿童的学前版和针对6~12岁儿童的学龄版，分别有英语或法语两种语言可供选择）和一张网络访问密码贴纸。笔记本内有欢迎语和"道明暑期阅读俱乐部"的介绍、供粘贴网络访问密码贴纸的空间、暑期阅读活动日历，还有供孩子们用画画或粘贴照片来描述自己的页面，更主要的是可以让孩子们记录读了什么书，读了多少分钟，是否喜欢，以及其他想写的内容，最后是参加这次活动的证书。网络访问密码（Web Access Code）是唯一的，每个孩子可以通过领取的贴纸上显示的密码登录"道明暑期阅读俱乐部"网站，创建属于自己的在线笔记本，这样他们的在线阅读会被记录到在线笔记本中，并得到虚拟贴纸。参与活动的孩子每读完一本书可以到图书馆领取一张贴纸，同时会被图书馆员问一个有关他们读过的书的问题。如果有些孩子无法到图书馆领取贴纸，则可以由家长来代领，由家长根据孩子阅读情况分配贴纸。

"道明暑期阅读俱乐部"充分考虑了那些因身体问题造成理解力损伤，不能拿起或翻阅图书，以及因视力问题导致无法阅读文字的儿童，不仅为图书馆员提供有关"阅读障碍症"（Print Disabilities）的知识，而且强调为这些儿童提供适合他们使用的工具与资源，比如放大镜、能将文字转化为声音的电子书、有声书、盲文书等。"道明暑期阅读俱乐部"的推荐读物可通过"公平利用图书馆中心"（Centre for Equitable Library Access）[①]获取图书的音频文件，而且各参与图书馆从"道明暑期阅读俱乐部"领取的资料中还包括一本盲文图书《这不会是真的》（*It Can't Be True!*），该书可复制并在图书馆流通。项目建议图书馆除了摆放常规的活动资料和活动用书之外，同时也要宣传有声书、电子书等多种图书形式，并让标识更加清晰、易读，以便于使用轮椅的人取阅。

二、"阅读森林"（Forest of Reading）

20 世纪 90 年代，安大略图书馆协会执行董事拉里·穆尔（Larry Moore）和副董事杰弗逊·吉尔伯特（Jefferson Gilbert）开始四处学习其他图书馆协会的经验及其活动创意。1993 年，他们在美国圣安东尼奥市参加德克萨斯州图书馆协会会议时，了解到安大略省在地理、人口和学校数量等方面与德克萨斯州非常相近，同时也发现德克萨斯州有一个针对 4~6 年级学生的阅读项目"德克萨斯矢车菊[②]奖"（Texas Bluebonnet Award），每年学校给出一个阅读书单，要求学生阅读并对喜欢的书进行投票，每年德克萨斯州图书馆协会年会期间设颁奖午餐会，宣布投票结果。于是，安大略图书馆协会在 1994 年春季照此模式设立了针对 3~6 年级学生的阅读项目"银桦奖"，这标志着"阅读森林"的诞生。1999 年安大略图书馆协会又设立了针对 7~9 年级学生的"红枫奖"，此后一系列针对不同年龄段的阅读项目纷纷以加拿大标志性树木为名而设立。目前共有 8 个奖项，其中 7 个是针对儿童设立的，1 个是针对成人的。曾于 2003 年设立的"金橡树奖"（Golden Oak Award）成人阅读项目，在 2018 年 6 月最后一次颁奖后停止。

[①] 该中心成立于 2014 年，是加拿大为阅读障碍人士提供图书和其他资源的全国性非营利组织，经费来自各个省和地区政府资助，以及直接注册、享用服务的图书馆和图书馆系统。

[②] 矢车菊是德克萨斯州的州花。

除"常青奖"在每年 10 月安大略公共图书馆周活动期间宣布外，其他 7 个奖项均在每年 5 月举办的"树木节"上颁发。"阅读森林"的图书奖项评选不是由专家评委会评定，而是由读者投票决定。

"阅读森林"是以团体形式组织活动的，参与活动的学校或图书馆需要在"阅读森林"网站缴纳注册费进行注册，注册费是一年的费用，包括 7 个子项目（即 7 个奖项），注册团体可以选择举办多个。这个费用与安大略图书馆协会的会费是独立的，需要另行缴纳，但是对于安大略图书馆协会会员的团体，可享受一定的优惠。注册费分三类：小学是 $55（安大略图书协会会员则为 $40），中学是 $45（安大略图书协会会员则为 $30），其他诸如公共图书馆、文化中心、家庭学校等是 $35（安大略图书协会会员则为 $20）。2018 年，共有 4500 个公共图书馆、学校图书馆、文化中心和家庭学校等团体注册参加"阅读森林"，总共参与个体达 27 万人，共有 925 种图书提交申报，108 种书被提名，实现图书销售 175 万加元。"阅读森林"网站在活动期间达到 23.1 万点击量。[①]

每年 10 月 1 日，活动开始接受注册。10 月中旬，待提名图书名单宣布之后，所有被提名的图书都可以通过"阅读森林"官方指定的图书批发商（目前是 Tinlids 公司）订购这些图书供读者阅读。同时，可以在"提名"网页浏览这些图书信息，并在"资源"网页上下载宣传材料来推广这一活动。11 月中旬，网站开放"密码网站"（Password Website），只有缴费注册的用户才能登录，才可以浏览海量的资源、材料和活动创意，比如《活动手册》、有趣的活动设计、投票相关材料、跟组记录表、教师指南、阅读讨论的问题、给家长的信、给图书俱乐部的活动指南、宣传材料、供教师使用的教室活动素材等。获得提名的每个作者都将在网上召开一个 40~45 分钟的访谈会，同时还有 15 分钟的提问互动环节。注册团体可根据自己的全年活动安排，自由选择在 12 月或 1 月开启"阅读森林"活动。每年 1 月中下旬"树木节"的门票开售，正式投票时间是在 4 月 1 日至 4 月 30 日，投票结果将在 5 月举办的"树木节"上揭晓。

"树木节"是获奖图书颁奖礼，同时也是一场有关阅读的欢乐庆典，除了可

---

① 2018 Year-End Report［EB/OL］.［2019-08-18］. http：//www.accessola.org/web/Documents/OLA/Forest/Resources/2018/2018%20Year-End%20Report.pdf.

以亲临"阅读森林"颁奖礼之外，还可以参加作者/插画师座谈会，请提名图书作者为你喜欢的书签名，购买"阅读森林"图书及其他商品，还有很多有趣的游戏项目和活动，更有机会免费赢得大奖或者图书！即使需要购票参加，每年仍有超过 12000 人参加在多伦多港湾中心（Harbourfront Centre）举办的"树木节"。从 2012 年起，每年"树木节"都会扩展至安大略省其他城市，如渥太华（Ottawa）、伦敦（London）、桑德贝（Thunder Bay）、滑铁卢（Waterloo）等。多伦多"树木节"为期 2 天，其他城市的卫星"树木节"为期 1 天。多伦多还举办为期 1 天的法语"树木节"。2018 年"树木节"在伦敦、多伦多和滑铁卢三地举办，共 5 天，售出 1.4 万张门票。出版商们在"树木节"上给"第一图书加拿大公司"捐赠 1 万册新书。①

"阅读森林"的 8 个奖项每年各有 10 本书入围提名，读者则在这 10 本书中投票选择自己喜欢的书，最终只有 1 本书获奖。为了让读者参与投票，参与"阅读森林"的团体都会根据自己读者的数量订购一定数量的图书供读者阅读，因此每年"阅读森林"官方图书批发商 Tinlids 公司可以销售 180 万美元的"阅读森林"提名图书。②这些提名图书的作者和图书还将因此得到媒体的广泛宣传，对加拿大出版业有极大的促进作用。加拿大图书出版商可以根据图书的特点选择适合的奖项申报。申报无须支付费用，但如果被选中作为 10 本提名书之一，则需要支付提名费。"阅读森林"评委会由图书馆职员、图书馆员和教师图书馆员组成，他们根据不同奖项的评分标准给图书打分，最终评定入围提名的图书名单。值得一提的是，"阅读森林"还会促进加拿大出版事业，因此申报图书需要作者是加拿大公民或永久居民，而且图书需要在加拿大市场流通（自出版图书、按需生产图书不包括在内）；如果是选集类图书，则要求编辑者为加拿大公民或永久居民，而且选集主要内容需要选自加拿大作者的作品。

---

① 2018 Year–End Report［EB/OL］.［2019–08–18］. http：//www.accessola.org/web/Documents/OLA/Forest/Resources/2018/2018%20Year–End%20Report.pdf.

② Get involved in the Forest of Reading［EB/OL］.［2019–08–18］. http：//www.accessola.org/web/Documents/OLA/Forest/Publishers/Forest–2019–Publishers–English–1.pdf.

第四讲

英国阅读推广

第一节 英国阅读推广概况

一、概况

英国位居世界图书馆事业发达国家之列，其开展全民阅读活动有较为先进的理念和成熟的实践。英国的图书馆阅读推广活动发端于 20 世纪 80 年代末期，兴起于 20 世纪 90 年代，2000 年后走向成熟和兴盛[①]，活动的种类和数量不断增多，其覆盖的读者群体更是广泛。英国政府相当重视读书活动的开展，针对不同的对象群体开展了相应的阅读推广活动，并在很多方面开了先河。始于 1992 年的"阅读起跑线"（Bookstart）计划是世界上第一个专为 0~4 岁的学龄前儿童提供阅读指导服务的全球性计划；1998 年，英国在全球范围内首次提出了全国阅读年（The National Year of Reading）的概念，旨在将英国打造成全民阅读的国家，重振阅读风气；2000 年，英国阅读协会组织公共图书馆开展了针对 4~14 岁少年儿童的夏季阅读挑战（Summer Reading Challenge）活动，这也是英国最盛大的阅读推广活动；2008 年，英国阅读协会启动了针对成年读者的 6 本书阅读推广活动等。

---

① 秦鸿 . 英国的阅读推广活动考察［J］. 图书与情报，2011（5）：46–50.

二、国家和区域层面的实践

目前英国国家层面的全民阅读推广活动项目多、力度大、影响深，其中五个比较有代表性的项目分别是：国家阅读年（The National Year of Reading），阅读起跑线（Bookstart），阅读是基础（Reading is Fundamental），夏季阅读挑战（Summer Reading Challenge），分支（Branching Out）[①]。在英国，这些国家层面的阅读推广项目开展较早、时间较长、范围较广、影响较深，在本章第三节中将会对其进行详细的介绍。

区域层面的阅读推广活动始于 1980 年代末期，一些图书馆获得了公共图书馆发展激励计划的基金支持，开始举办一些文学作品的推广活动。例如，北部的儿童图书节、赫里福郡和伍斯特市图书馆的现代诗歌推广等[②]。随着英国政府对阅读推广实践的重视，尤其是全国阅读年的提出，英国将阅读推广和终身学习纳入国家发展战略，表现出比较浓厚的国家主导色彩。

三、理论进展

20 世纪 90 年代，开卷公司（Opening the Book）成立，1995 年雷切尔·冯·里尔提出了"读者发展"理念。它被定义为一种主动介入的实践活动，以增强自信和享受阅读，扩展阅读选择，提供分享阅读经验的机会，将阅读提升为一种创造性的活动。英国的全民阅读推广活动均围绕"读者发展"的理念而展开[③]，以提高读者的文化能力为己任，在阅读推广中改变过去只注重作家、作品的狭隘做法，注重培养和扩展读者的阅读视野及品鉴能力，尤其是品读新作品的能力[④]。

随着大型阅读推广项目的开展，对于阅读活动的评估和实证研究也日渐增多，理论研究不断取得进展。比如，为了明确"阅读起跑线"计划的成效，图书信托基金会（Booktrust）委托研究者对该活动的成效进行了长达 20 年的跟踪实验研究。1993 年，学者玛吉·摩尔和巴里·韦德对参与该计划的 300 户左右的家庭进行了问卷调查，对比其在参加计划前后的变化。调查显示，参加计划的家庭在阅读态

① 李保东. 英美全民阅读推广实践研究及启示［J］. 图书馆理论与实践，2015（11）：24-29.
② 秦鸿. 英国的阅读推广活动考察［J］. 图书与情报，2011（5）：46-50.
③ 李保东. 英美全民阅读推广实践研究及启示［J］. 图书馆理论与实践，2015（11）：24-29.
④ 李锦霞. 基于英国阅读推广实践经验之分析与比较研究［J］. 山东图书馆学刊，2017（03）：68-72.

度上有正向变化，经常利用图书馆进行亲子阅读活动。1998 年，两位学者继续进行了后续跟踪和对照组实验，针对参与"阅读起跑线"活动已满 5 岁、进入小学教育体系中的儿童进行了语文能力（如听、说、读、写）和数理能力（如数字、形状、空间、测量）等方面的检测，以了解"阅读起跑线"活动的效果持久性。研究发现，拥有早期阅读经验的儿童，更能为即将到来的学校生活预先做好准备。针对夏季阅读挑战活动，2006 年的影响评估研究表明，该活动在推广儿童愉悦阅读、培育独立阅读、扩展阅读范围（作者和各类型文本）、拓宽视野、提高阅读技能、增强阅读激情和主动性上是成功的。2009 年英国儿童教育领域所做的影响评估研究表明，夏季阅读挑战有助于减少暑期学习和阅读成绩下滑，参与儿童认为自己比没参加的阅读水平上有提升，教师认为参与挑战的儿童比没有参加的更可能维持或提高阅读成绩 [1]。

第二节　英国阅读推广机构

在英国，阅读推广被纳入国家发展战略，不仅政府重视，英国图书馆学会、各级图书馆及社会媒体（出版商、电台、文化慈善机构等）的参与也为英国阅读推广体系的构建起了不可忽视的作用 [2]。从推广主体来看，阅读活动不仅有单一主体推广模式，更普遍的是政府、图书馆、学校、社区中心与协会组织等多主体合作推广模式。下面将对参与阅读活动的主要推广机构进行简要的介绍。

一、公共图书馆

作为最早建立公共图书馆制度的国家，英国的图书馆事业较为发达，由 149 个独立的图书馆机构管理着 3500 个公共图书馆 [3]。据统计，1997 年英国平均每 1.2 万人就拥有一座公共图书馆，是世界上人均占有公共图书馆份额最多的国家 [4]。

[1] 王素芳．国际图书馆界儿童阅读推广活动评估研究综述［J］．图书情报知识，2014（3）：53–66.
[2] 李锦霞．基于英国阅读推广实践经验之分析与比较研究［J］．山东图书馆学刊，2017（03）：68–72.
[3] 秦鸿．英国的阅读推广活动考察［J］．图书与情报，2011（05）：46–50+55.
[4] 鞠英杰．英国公共图书馆事业［J］．图书馆建设，2004（6）：77–79.

截至 2010 年 6 月，英国总人口有 6200 万，58% 的英国人拥有图书证，全国有 3500 家公共图书馆（不包括移动图书馆），从业人数为 2.1 万人 ①。

英国的图书馆阅读推广活动发端于 20 世纪 80 年代末期，兴起于 20 世纪 90 年代，2000 年后走向成熟和兴盛。20 世纪 80 年代末期，一些图书馆获得了公共图书馆发展激励计划的基金支持，开始举办一些推广文学作品活动。如北部的儿童图书节，赫里福郡和伍斯特市图书馆的现代诗歌推广等。1992 年，英国召开了主题为"阅读未来：公共图书馆中的文学场所"的重要会议，会上跨书业的参与者研讨了三个主题：图书馆的角色、阅读推广、合作伙伴的工作。当时，人们担心电子媒体将使图书边缘化，而这次会议成为一个转折点，重新确立了图书在图书馆服务中的核心地位 ②。

英国图书馆更是在政府的支持下，积极主动承担起阅读推广的社会责任，与教育、出版销售、作家、阅读、档案、基金会等相关的专业团体进行合作，在"国家阅读年""阅读起跑线""夏季阅读挑战""阅读是基础"等全国性阅读推广项目中发挥了重要作用。目前，公共图书馆已成为阅读推广活动的中坚力量，在英国的全民阅读推广工作中发挥着不可替代的作用。

二、政府

英国政府相当重视读书活动的开展，自 1998 年 9 月起就提出"打造举国皆是读书人"的口号，曾创造性地将读书周、读书月延长为阅读年——从 1998 年 9 月到 1999 年 8 月。在此期间，政府额外拨出了 1.15 亿英镑的购书经费，平均每个学校图书馆获得 4000 英镑用于购置图书；2006 年 6 月，英国女王官方生日的主要活动就是阅读推广，让小朋友与经典童话中的人物形象互动，女王认为活动的目的就是"让孩子们重拾经典"；2008 年是英国政府确定的又一个"阅读年"，启动了一系列活动鼓励家长与儿童共同阅读，呼吁家长每天花 10 分钟的时间和孩子一起阅读；为那些"没有钱买书，但还没有到图书馆借书"的人做点事情。英国政府还公布了一项名为"恢复阅读"的计划，旨在帮助来自贫困家庭的 6 岁

① 李晓敏 . 中外图书馆阅读推广活动比较研究［D］. 河南科技大学，2012.
② 秦鸿 . 英国的阅读推广活动考察［J］. 图书与情报，2011（5）：46–50.

儿童解决阅读困难的问题[①]。

英国政府将读书活动贯穿至每一天的每一时段，英国学校、图书馆、书店等机构中每年关于阅读的庆祝活动项目超过 1000 项。在每年的世界阅读日前后，英国政府会向青少年和儿童发售面值 1 英镑的阅读日代金券（World Book Day Book Token）。青少年和儿童可以在英国境内的 3000 家书店或在线购得代金券。近年，为了适应全球出版业的数字化趋势，该代金券由原来的纸质版改为电子版，用户只要手持电子代金券卡，就可以参加优惠活动[②]。

三、学校

英国的学校十分重视学生阅读能力的培养，积极开展多层次的阅读活动。比如，在英国的小学学校中开设"指导阅读"课程，即由教师教授学生阅读方法，在学生阅读时予以指导。"指导阅读"的主要目的不仅仅能提高学生的阅读理解能力，更重要的是通过指导阅读活动使每一位同学能够充分发挥个人的阅读能力，最终让学生学会独立阅读。"个人、社会和健康教育"（PSHE）20 世纪 80年代兴起于英国，2011 年 9 月起设置成为英国所有中小学的必修课程。PSHE 课程包括个人教育、社会教育和健康教育三大领域，既是健康教育，也是道德人格教育和公民教育。为配合该课程的有效进行，英国学校为学生积极提供儿童与其他年龄段相互接触的场所，不同年级间的混龄配对阅读、成人与孩子配对阅读是PSHE 课程内容之一。

不仅如此，学校更是积极与图书馆、民间组织等社会力量合作，举办特色学校阅读活动，比如"足球阅读教育计划"，这是英国人气职业足球队——切尔西足球俱乐部支持地方学校的素质教育、历史教育和公民教育的计划之一。为配合小学素质教育，切尔西足球俱乐部每年向职业足球队专用球场和练习球场附近40 余所学校提供相匹配的教材套装，套装中不仅包括儿童图书、指导用书，还包括赞助教师进修、资助参加相关活动等。很多学生通过参与"足球阅读教育计

---

① 程亚男 . 关于阅读推广的几个问题［J］. 图书馆研究与工作，2009（4）：2–5.
② 窦瑞洋 . 浅议国外图书阅读推广——英国、美国图书馆阅读推广活动介绍及启示［J］. 科技创新导报，2012（18）：207–208.

划"的相关活动，产生了阅读兴趣，提高了阅读理解能力 [①]。

四、协会组织

（一）英国阅读协会（The Reading Agency）

英国阅读协会是一个独立的慈善机构，2002 年成立于英格兰，是英国读者发展的领导者，以鼓励更多的人读更多的书为使命。具体工作有：

- 通过图书馆推广阅读与每一个地方政府合作
- 通过广播、出版社、工作场所、学校、监狱和青少年服务机构广泛接触读者运作高品质的国家计划
- 开发 5 种关键的工具来吸引读者：阅读挑战、读书会、接触作者、宣传推广和志愿者阅读协会还帮助图书馆为读者工作制定一个宏伟的前景
- 帮助图书馆和读者开展和保持充满生机的阅读服务
- 研究、促进和宣传图书馆对于阅读和写作的贡献。它领导的国家级项目有：
- 2008 国家阅读年夏季阅读挑战：鼓励青少年暑期阅读的连续性大型项目
- 图书絮语（Chatter books）：面向青少年的国家级读书会网络
- 头脑空间（Head Space）：阅读协会和图书馆的合作项目，由年轻读者自己来设计图书馆空间
- 六本书挑战计划：提升成年人的读写能力
- 快阅读（Quick Reads）：为成年人提供世界图书日发布的快阅读资料 [②]

（二）英国图书信托基金会（BookTrust）

英国图书信托基金会是由英格兰艺术委员会资助的独立慈善组织，它也是英国最大的文化艺术组织。图书信托基金会致力于帮助人们从小与图书建立联系，培养各年龄段公众的阅读兴趣，通过阅读树立起家长为孩子朗读的信心，改进人们的读写能力和社交能力，让孩子在学校和家中都能做得更好。它为学校、图书馆、家庭提供各种信息资源，积极开展各种阅读推广活动，面向儿童开展的免费图书赠阅项目成为全球知名的早期阅读干预项目。

---

① 宫丽颖. 英国小学校的学生阅读推广［J］. 出版参考，2014（28）：17–18.
② 秦鸿. 英国的阅读推广活动考察［J］. 图书与情报，2011（5）：46–50.

图书信托基金会的儿童阅读推广活动是按年龄段进行划分的，选取了孩子成长的关键发展阶段为时间划分节点，分为以下三部分：

早期儿童阅读推广：针对 0~3 岁的儿童，如阅读起跑线（Book Start）、睡前阅读（Bedtime Reading）；

小学阶段阅读推广：主要面向 4~10 岁的群体，如为我的学校而读（Read for My School）、图书时间（Booktime）、蚂蚁俱乐部（Ant Club）、信箱俱乐部（Letterbox Club）；

中学阶段阅读推广：Bookbuzz 项目、学校图书馆包裹（School Library Pack）项目。

此外，还有专门针对特殊需求儿童的阅读推广服务。例如，为盲童或是弱视的婴儿和蹒跚学步的儿童提供的可触摸图书，为听力有障碍的婴幼儿提供可以发声的图书，还有为移民儿童提供的双语教材[①]。

五、企业：开卷公司（Opening the Book）

开卷公司由雷切尔·冯·里尔创办于 1991 年，雷切尔发明了"读者发展"这个词汇，公司引领的以读者为中心的创意，现已嵌入英国图书馆的实践之中[②]。开卷公司领导的国家级项目有[③]：

● 分支（Branching Out）：1998—2006，大型图书馆员培训计划

● 苏格兰读者发展网络（Reader Development Network in Scotland）：2002—2008

● 延伸（Estyn Allan，威尔士语）：2002—2005，威尔士的读者发展项目

● 馆藏质量健康检查（Stock Quality Health Check）：2000—2007

自 2000 年起，开卷公司将"以用户为中心"的方法运用到图书馆空间设计中，帮助图书馆重新思考他们提供给读者的空间和服务。其以读者为中心的做法完全

○ 张丽 . 英国图书信托基金会少年儿童阅读推广活动剖析［J］. 图书馆理论与实践，2016（4）：13–17.

② 秦鸿 . 英国的阅读推广活动考察［J］. 图书与情报，2011（5）：46–50.

③（Opening the Book）National Programmes［EB/OL］.（2011–09–10）［2018–06–15］. http：//www. openingthebook.com/archive/ national/default.aspx.

改变了组织馆藏的方式，这有利于读者快速和方便地找到自己想读的书，提高图书馆运转效率，提升图书馆形象。开卷公司做的另一件重要工作是借助图书馆和图书馆网络构建以读者为中心的网站。有一些优秀的网站案例将书与读者按照兴趣和趣味结合在一起，比如：whichbook.net，威尔士图书馆的 Give me a break，以及 scottish readers.net。并开设了在线读者发展培训课程"前线"（Frontline，网址：opening the book.ie），面向那些与读者直接接触的馆员 ①。

六、医疗机构

1992 年，英国图书信托基金会联合伯明翰图书馆服务部（Birmingham Library Services）、南伯明翰卫生部门（South Birmingham Health Authority）和伯明翰大学卫生学院（Birmingham University School of Education）② 开展了一个涉及 300 名婴儿的阅读试点项目。研究发现，参与该项目的儿童在开始进入学校前有明显的优势，在学前评估中能取得更高的成绩 ③。阅读起跑线（Bookstart）项目由此诞生。在该项目向全国推广的过程中，英国国家医疗服务体系（National Health Service，简称 NHS）发挥了重要作用，尤其是以社区为主的基层医疗服务机构，在发放阅读包和帮助开展阅读服务中承担了重要角色。

在 7 至 9 个月宝宝回到当地健康中心检查听力时，该项目会免费赠送阅读包给每一个育有婴幼儿的家庭，包括 2 本图画书、《宝宝爱看书》（*Babies Love Books*）导读手册、推荐书目、图书馆借书证申请表，还有当地阅读说明宣传资料等；若错过婴幼儿健康检查时间，则由社区医疗机构的健康访视员家访并赠送阅读礼袋，提倡和鼓励婴幼儿尽早接触图书，特别是图画书，让家长与幼儿共同分享亲子图画书阅读快乐，为培养婴幼儿终身阅读习惯奠定良好基础 ④。为了让有视力障碍的新生儿也能体验到阅读的乐趣，Book Start 计划从 2003 年开始，利用罗尔德达尔基金会（Roald Dahl Foundation）赞助的 25000 英镑以及英国皇家失

① Shirley Prescott. Reader Development in the UK：an Australian Perspective［J］. April，2007，20（1）.

② 王琳. 婴幼儿阅读推广策略研究——基于英国"阅读起跑线计划"案例［J］. 图书馆建设，2013（3）：39-42.

③ 裴永刚. 英国"阅读起跑线"对婴幼儿阅读推广的启示［J］. 出版发行研究，2017（5）.

④ 李慧敏. 婴幼儿童（0~6 岁）阅读推广案例特色研究——以英国、美国、德国为例［J］. 图书馆工作与研究，2011（8）：109-112.

明研究院（the Royal National Institute of the Blind，RNIB）和 ICaeVriison 慈善机构的协助，为 0~4 岁的全盲和视弱儿童提供触摸图书包 [①]。

第三节　英国图书馆主要阅读推广活动

英国开展的阅读推广活动数量多、种类全，基本都有明确的对象群体。开展三体涵盖政府、图书馆、学校、社区中心与协会组织，十分多样。而在英国全民阅读实践中，图书馆或是作为主办者，或是作为参与者，都扮演着重要的角色。本节按照读者对象的年龄段以及其他特点来介绍英国的阅读推广活动，并通过案例介绍图书馆在其中所承担的角色和任务。

一、青少年儿童

（一）0~4 岁婴幼儿

阅读起跑线（Bookstart）

Bookstart 是世界上第一个国家性质的专为 0~4 岁婴幼儿提供阅读指导服务的计划，旨在让每个英国儿童都能够从早期阅读中受益、享受阅读的乐趣并将阅读作为终身爱好。它始于 1992 年，由英国图书信托基金会（Booktrust）发起，伯明翰图书馆服务部（Birmingham Li-brary Services）、南伯明翰卫生部门（South Birmingham Health Authority）和伯明翰大学卫生学院（Birmingham University School of Education）共同参与 [②]。该计划免费为 0~4 岁儿童发放与其年龄对应的阅读包（Bookstart Packs）并开展各种亲子互动的阅读活动，帮助家长掌握培养孩子养成良好阅读习惯的方法和技巧，鼓励家长与孩子一起分享图书、故事和儿歌，鼓励他们到附近的图书馆借阅图书，并利用图书馆的其他资源 [③]。在这个计划实施过程中，图书馆的主要角色是对不同儿童的心理和生理需求做出精心选择：

○　陈永娴. 英国"阅读起跑线"（Bookstart）计划及意义［J］. 深图通讯，2006（4）：65–70.

②　王琳. 婴幼儿阅读推广策略研究——基于英国"阅读起跑线计划"案例［J］. 图书馆建设，2013（3）：39–42.

③　陈永娴. 英国"阅读起跑线"（Bookstart）计划及意义［J］. 深图通讯，2006（4）：65–70.

通过在活动中设立奖项、颁发奖品等方式吸引儿童，让儿童爱上阅读；通过讲故事、学童谣、涂鸦、手工制作以及组建阅读小组、写作小组等活动，激发儿童兴趣，让儿童爱上阅读，从而养成终身学习的习惯。参加阅读起跑线计划的儿童上小学后，不但听说成绩和写作成绩高出班级的平均水平，而且数学和科学方面的成绩也高于班级其他同学[1]。

起初，该计划只是在小范围内开展一些试验项目，并且只针对国内贫困地区的儿童。1999—2000 年，由于主要赞助商塞尔斯伯里的股份有限公司（Sainsbury's plc）的资助，计划的服务范围扩大至全英国。Bookstart 赢得了各地方政府、社会团体和企业的关注，并吸引他们积极参与计划中。截至 2000 年 3 月，全英国已有 92% 的地方政府加入，将计划扩展为一个全国性的婴幼儿阅读指导计划[2]。截至 2012 年，阅读起跑线计划免费送出图书 3000 万册，成功推广至欧洲、亚洲、北美洲、南美洲和大洋洲，成为全球最具有影响力的婴幼儿阅读推广项目。该计划惠及的儿童及其家庭平均每年增加 210 万。目前已在美国、德国、日本、韩国、泰国、澳大利亚、台湾等 25 个国家和地区设立分支机构。2014 年 1 月，苏州图书馆的"悦读宝贝"计划成功加入"阅读起跑线"组织，成为中国大陆第一家"阅读起跑线"成员馆[3]。

（二）4~11 岁儿童

夏季阅读挑战（Summer Reading Challenge）

目前"夏季阅读挑战"已成为英国规模较大、推广时间较久的儿童阅读推广活动之一，它由英国阅读协会（The Reading Agency）举办，参加主体就是公共图书馆和学校。每年暑期，"夏季阅读挑战"在 97% 的英国公共图书馆中开展，并得到了 BBC 等多家主流媒体的襄助，76 万 4~11 岁的儿童参与其中活动[4]。该活动旨在鼓励孩子们在享受悠长假期的同时不要忘记多读书、读好书。每年的主题都有不同创意，例如 2014 年夏季阅读挑战的主题是"神秘的迷宫"，2015 年

① 王婷.英美图书馆阅读推广活动及启示［J］.图书情报工作，2016（s2）.
② 王琳.婴幼儿阅读推广策略研究——基于英国"阅读起跑线计划"案例［J］.图书馆建设，2013（3）：39–42.
③ 王婷.英美图书馆阅读推广活动及启示［J］.图书情报工作，2016（s2）.
④ 秦鸿.英国的阅读推广活动考察［J］.图书与情报，2011（5）：46–50.

主题是"打破纪录者"[1]，吸引了广大学生积极参与，成为英国图书馆界"读者发展"活动策划与运作的一个典范。

整个暑假，图书馆都会设计许多奖励、活动和事件来为儿童阅读造势。首先，在暑期来临之前，社区图书馆管理员会亲临学校宣传讲解夏季阅读挑战活动，分发相关资料。其次，鼓励孩子们参与，并通知家长，以期获得家长的配合与支持。此外，英国阅读协会还与国家图书服务中心一起协作设计相关阅读材料提供以给特殊群体（阅读障碍、听障和视障儿童），做到每一个孩童都有参与并享受此次活动的权利。具体内容为：（1）注册夏季阅读挑战活动，获取一份"Starter Pack"；（2）根据自己的喜好选择阅读 6 本书籍；（3）在官方网站 Summer Reading Challenge.org.uk 登录，可以跟踪自己的阅读进度，分享阅读书目；（4）完成 6 本书的阅读，可以获得一份证书和奖牌。通过参加阅读挑战活动，孩子们度过充实有趣味的暑期生活，调动了孩子们阅读自主性能动性，提高了阅读技能，为新学期开始做好充分准备[2]。

（三）中学阶段的青少年

图书信托基金会与教师和图书馆员合作开展了两个针对中学生的项目：Bookbuzz 项目和学校图书馆包裹（School Library Pack）项目。其目的是提高学生对图书的喜爱感，培养学生对阅读的持久性和积极态度。两个项目均是 2012 年发起的，其前身是 Booked Up 项目；2011 年底受经费影响，Booked Up 项目停止，拆分为 Bookbuzz 和 School Library Pack 两个项目。前者是收费项目，后者是免费项目。[3]

1.Bookbuzz 项目

Bookbuzz 项目是 2012 年图书信托基金会发起的阅读活动，其前身是 Booked Up 项目。图书信托基金会与教师和图书馆员合作开展针对中学生的 Bookbuzz 项目，目的是提高学生对图书的喜爱程度，培养学生对阅读的持久性和积极性。

Bookbuzz 项目为每个 7 年级和 8 年级的学生提供 1 本书，按照每个学生 2.5

① 王婷 . 英美图书馆阅读推广活动及启示［J］.图书情报工作，2016（s2）.

② 许桂菊 . 英国、美国、新加坡儿童和青少年阅读推广活动及案例分析和启示［J］.图书馆杂志，2015，34（4）：94–102.

③ 张丽 . 英国图书信托基金会少年儿童阅读推广活动剖析［J］.图书馆理论与实践，2016（4）：13–17.

英镑的标准向学校收取费用，参与此项目的学生可以从专家挑选出来的 17 册备选图书清单中选择图书。据 2013—2014 年抽样调查显示，有超过 1450 所学校的 220000 名学生参与了此项活动。52% 的学生反映参与 Bookbuzz 后更喜欢阅读，45% 认为 Bookbuzz 帮助他们在阅读图书方面变得更自信，9% 的学生反映在 Bookbuzz 的鼓励下阅读更频繁了，45% 的学生到访图书馆的次数更多了，42% 的学生要求家长或是朋友为他买 1 本书或是自己买更多的书 [1]。

2. 学校图书馆包裹项目（School Library Pack）

学校图书馆包裹项目免费向英格兰的 7 年级学生提供图书，每个注册的学校可以获得 40 多本图书。这个项目目的是支持教师为学生创造一个阅读文化，鼓励学生讨论他们正在阅读的图书，加入阅读小组这样的活动中去。2014—2015 年度英格兰有 4,000 多所中学申请加入免费的学校图书馆包裹项目。这个项目是由教育部（the Department for Education）提供资金支持，并受到童书出版社的大力支持。学校图书馆资源包提供的图书包括文学作品 / 非文学作品以及图画小说多种类型，还有针对特殊学校的资源和一些可以下载的阅读指南、海报以及如何组建一个阅读小组的方法。

二、成年人

（一）针对成人的六本书阅读挑战

英国阅读协会在 2008 年启动针对成年读者的六本书阅读推广活动，每年大概有三分之二的公共图书馆参加活动，与当地各类机构包括大学、成教、家教、儿童中心、监狱以及公司等携手合作推动阅读。合作方式很多，例如，有的公共图书馆向公司定期提供一定数量的图书供公司员工阅读，或者是成人教育中心利用公共图书馆的图书进行阅读指导，图书馆也可以直接在馆内举办活动，吸引读者或家庭成员利用图书资源；或者是图书馆接洽阅读研究小组等其他机构的兴趣小组并提供图书、鼓励其成员参加活动 [2]。

该活动可在全年的任何时段开展，但大多都选在全年的 1 至 6 月举办，目的

---

[1] Book Trust Secondary School Impact Statistics 2013—2014［EB/OL］.（2015–07–02）［2018–07–20］. http：//www.booktrust.org.uk/programmes/secondary/impact.

[2] 李晓敏. 中外图书馆阅读推广活动比较研究［D］.河南科技大学，2012.

是为了提高成年读者的阅读水平，建立成年读者的阅读信心，凡年满 16 周岁的成年读者均可报名，参赛人可自行选择六本书进行阅读，凡在规定期限内完成阅读并形成阅读心得的均可参加年内的评奖，并获得相应的证书，值得一提的是，这些读物包括诗集、杂志，甚至数字游戏等，阅读物的界定范围十分广泛。该项目的资源支持均来自阅读推荐数据库和网络商店，获奖机构可获得访问作家的机会，获奖的个人可得到阅读社奖励的伦敦冬日双人游和 150 英镑的现金，同时参赛人在赛前或赛后均可填写调查表，以备阅读社今后调研分析使用。该项目于 2008 年一经推出就吸引了 7000 余人参与，并且有显而易见的社会效益，例如：在调查参赛者的回馈信息中可见，90% 的参赛者表明他们比参赛前更享受阅读，阅读量也有不同程度的增加；有 38% 的受访者认为自己的信息素养有所提高，涉及的领域在不断扩大；有 47% 的受访者认为自己提升了生活和就业方面的信心 ①。

（二）英国"世界读书夜"

英国和爱尔兰在 2011 年 3 月 5 日举办了第一届"世界读书夜"活动，从 2012 年开始改在 4 月 23 日举行。在美国、德国、克罗地亚等国家也相继推出"世界读书夜"活动。"世界读书夜"这一读书活动的倡议者是英国爱丁堡卡侬盖特（Canongate）出版社创办人杰米·拜恩（Jamie Byng）。该活动在 2010 年 5 月图书行业会议的圆桌讨论中提出，其目的是鼓励更多的成年人去阅读。白天是英国和爱尔兰儿童世界读书日庆祝活动，而晚上则是成年人的庆祝活动。晚上成年人可以释放工作压力，有更多的时间和精力进行阅读、思考和分享。

"世界读书夜"活动现由英国阅读协会（The Reading Agency）举办，汇集了英国大批有强大影响力的合作伙伴，包括出版商、印刷商、经销商、图书馆、书店、私人捐赠、信托和基金会等，他们共同的目的就是激励更多人阅读。每年通过读者投票、专家挑选图书，所选图书进行再次印刷，志愿者进行派送。图书除了在活动现场、人流量密集场所派送外，还赠送给英国和爱尔兰的监狱、学校、图书馆、医院以及流浪人员收留所等，把知识带给需要的人们。从 2011 年至今，已有 56000 多名志愿者参与其中，赠送图书超过 225 万册。如今的英国"世界图书夜"活动已不仅限于赠书，各城市的图书馆、公园、学校等机构均可举办"世界图书夜"相关活动，其形式多种多

① 李锦霞 . 基于英国阅读推广实践经验之分析与比较研究［J］. 山东图书馆学刊，2017（03）：68–72.

样，涵盖读书会、与作家面对面、知识竞赛、朗读比赛、游园活动等①。

三、男性群体

提升男生阅读兴趣的"阅读带头人"活动（Reading Champions）

该活动是由英国国家素养基金会旨在提高英国未成年男生的阅读水平的一个阅读推广项目，由于男生的阅读兴趣弱于女生，因此，针对人群为 5~18 岁未成年男生，以学校为单位参与，学校必须在基金会的网站上购买资源包，包括金、银、铜奖章和证书以及活动指南，之后方可获得参加活动的资格，随后，学校还要招募本校影响力较大的男生作为阅读带头人，引领其他男生阅读，根据其完成任务的情况颁发奖章，以鼓励阅读的先进分子。该项活动已在英国阅读推广中取得了显著的成效，目前已有约 3000 多个学校和机构参与，尤其在初中和小学中成果显著，该活动的开展大大提升了男孩子们的阅读水平②。

四、弱势群体

本节所讲的弱势群体是指因自身缺陷或客观物质条件而在获取图书和知识方面存在一定困难的群体，比如处于视障听障群体、偏远地区的贫困人群等。对于前者，英国阅读活动通过细节的设置为他们提供便利。比如阅读起跑线计划为全盲或视力受损、耳聋或听力受损的 0~4 岁婴幼儿提供 Booktouch 和 Bookshine 礼袋；在夏季阅读挑战活动中，英国阅读协会与国家图书服务中心一起协作设计相关阅读材料提供给特殊群体（阅读障碍、听障和视障儿童），做到每一个孩童都有参与并享受此次活动的权利。对于后者，下面将通过两个大型阅读活动来进行详细介绍。

（一）阅读是基础（Reading is Fundamental）

旨在为贫困儿童提供阅读图书的"阅读是基础"运动发源于美国，1996 年 4 月在英国登陆，并很快向全国蔓延。英国的许多基层单位和团体参与其中，为儿童的社会教育拓展了广阔的新空间。一年之内，这一活动即处理了 18000 个活动个案，捐赠了 11000 册图书给贫困儿童。截至 2000 年 9 月，已有 63000 多名年

---

① 陈嘉慧. 英国"世界读书夜"阅读推广活动研究［J］. 图书馆研究，2017，47（02）：89–92.
② 李锦霞. 基于英国阅读推广实践经验之分析与比较研究［J］. 山东图书馆学刊，2017（03）：68–72.

龄在 19 岁以下的少年儿童从这一活动中得到了免费的图书，共有 19 万册以上的新书被分发，400 多个地方性工作计划被执行，价值 90 万英镑的图书通过各地的图书馆、学校及社区中心捐赠给孩子们。40 多家儿童图书出版商答应以优惠价格为这一活动提供新书，有上百名作家、诗人、插图画家、故事家参与了这一活动，志愿者队伍超过 600 人。

英国"阅读是基础"活动声明的服务对象是"几乎没有藏书的或在家中无力接触到图书的孩子"，一般将资助对象限制在 14 岁以下。该活动允许每一年中每一名受资助的孩子在亲自挑选图书后可获得三本免费的新书，而且还可以从全国星罗棋布的依托单位免费借阅各种图书。各中小学图书馆和公共图书馆在这一运动中担任了不可替代的角色，发挥了重要作用。2000 年的统计显示，77%的"阅读是基础"的工作由中小学承担，而非学校的各单位只承担了 23% 的工作。从表面上看，图书馆的作用并不明显。但事实上，中小学的大部分工作恰恰是由学校图书馆承担的，而非学校单位的大部分工作则由公共图书馆负担。英国各大学的图书馆专业教程中都有图书馆为社会服务的专门课程，因此无论是公共图书馆还是学校图书馆，其工作人员已有了良好的社会服务的基本知识。这是任何其他单位、机构的义工都难以企及的专业优势。加之"阅读是基础"活动的重要工作内容，除了赠送图书外，还有出借图书和辅导阅读。另一方面，英国公共图书馆都设有儿童部，来源于"阅读是基础"的图书可极大地丰富儿童部的藏书。因此，"阅读是基础"活动与各类图书馆的合作既是互助，又是在工作上互利的。今天，"阅读是基础"活动已成为英国向贫困儿童和难以接近图书资源的儿童提供阅读帮助的最大的、最积极的运动 ①。

（二）"快阅读"活动（Quick Read）

"快阅读"活动始于 2006 年，由英国成人继续教育协会（National Institute of Adult Continuing Education，简称 NIACE）与商业联合会（Trades Union Congress）共同组织，由政府联合出版商、书商共同关注相对偏远地区的人群阅读情况，目的是帮助那些缺乏阅读能力的人更多更好地阅读。该活动会挑选出一批"快阅读"的书目，通常为大众耳熟能详的畅销书，乐购集团（Tesco）的 450 家书店、各知

① 羽离子 . 对英国"阅读是基础"运动的考察［J］. 图书馆，2002，（1）.

名书店，包括亚马逊等网站都会参与所列图书的促销活动，几乎每家参与活动的书店都会设立特别陈列区来专门展示这些图书，方便工人购书。此外，该书目图书也会在 1000 家诊所、监狱、图书馆等机构销售。一些地方性文化教育机构和社区活动场所也会积极参与 ①。调查结果表明，这项活动确实取得了良好的效果：90% 的参与者表示他们的阅读能力有所提高，同时也更自信和愿意给孩子讲故事、填写基本的表格，或者在公众场合讲话 ②。

五、全民

全国阅读年

1998 年英国在全球范围内首次提出了全国阅读年的概念，旨在将英国打造成全民阅读的国家，来推动国家文化建设，提升国家软实力。政府为此拨款 1.15 亿英镑、用于各个学校购置图书。2008 年英国政府拨款 370 万英镑用于当年的阅读年活动，目的在于鼓励以追求愉悦或提升学习、个人素质的阅读活动，通过各类学校、图书馆、企业、媒体通力合作推动阅读，向人们提供阅读帮助或支持。值得注意的是，2008 年的阅读年是集公益性和商业性为一体的阅读促进活动，吸引了英国各大出版商以及主流媒体的参加。读书和售书有效地结合在一起，为英国民众提供更多的图书和阅读机会。值得一提的是，2008 年的阅读年侧重于与各大图书馆的合作，由图书馆免费提供图书、上网便利等资源，并向求职者和公司提供相应协助，以充分发挥图书馆在经济不景气时期的社会大融合作用 ③。

在国家阅读年期间，图书馆在阅读推广中的核心作用被发挥得淋漓尽致。广大读者提高了对阅读的重视，图书馆与商业部门的合作，创新了阅读推广的形式；图书馆利用周边的读者或诗人，通过他们在不同的领域和语言兴趣方面，鼓励新的读者、发展新的读者群。本次国家阅读年取得了极大的成功，有 230 万新读者使用图书馆，英国当年共开展了近 6000 场阅读活动，23000 多个孩子参加暑期

---

① 龙叶，刘彦庆，雷英杰.各国国民阅读推广对我国的启示［J］.现代情报，2014，34（6）：18—22.

② 窦瑞洋.浅议国外图书阅读推广——英国、美国图书馆阅读推广活动介绍及启示［J］.科技创新导报，2012（18）：207—208.

③ 李晓敏.中外图书馆阅读推广活动比较研究［D］.河南科技大学，2012.

阅读计划，分发了 25 万本绘本，7000 位成年人参加了 6 本书计划，1000 多所学校签署了国家阅读年的"我阅读"（Read Me）创新项目等 ①。

六、数字阅读

（一）经典阅读 App

据 2011 年 6 月 BBC 的消息，英国图书馆为推动阅读活动不遗余力，英国国家图书馆将经典阅读与 iPad 程序应用相结合的举措更具有创新性。英国国家图书馆将 60000 多册 19 世纪的经典读物，将原版的电子扫描副本（包括原始插图和地图）通过应用程序装入 iPad，供 iPad 用户免费使用，读者通过这种新型媒介完全可以像阅读纸质读物一样尽情体验经典，感受经典。正如英国国家图书馆馆长说："图书馆利用这个程序将进一步使更多的经典读物面向更多读者，这些经典为广大学者和经典爱好者提供了丰富的历史、科学和文化精品，这个项目赋予了这些藏品新的生命。"②

（二）与时俱进的其他阅读推广活动

在网络环境发展的背景下，孩子容易因沉迷电子游戏而远离书本。为了响应英国教育部把阅读进行到底的号召，为了更好地宣传公共图书馆，吸引更多的儿童和青少年到图书馆来阅读，2010 年 2 月，英国图书馆协会、全国阅读运动组织和电子游戏公司 Gamework Shop 合作，在各地公共图书馆根据儿童和青少年畅销书、同名的游戏为主题推出各种有趣活动，例如，图书馆将当年热门的魔戒电子游戏、小说和阅读指南与其他奇幻书共同陈列，以期能够引导青少年产生阅读原著的愿望和兴趣 ③。

---

① 王婷.英美图书馆阅读推广活动及启示［J］.图书情报工作，2016（s2）.
② 刘芳.国外图书馆经典阅读活动之探析［J］.经济研究导刊，2012（6）：224–226.
③ 许桂菊.英国、美国、新加坡儿童和青少年阅读推广活动及案例分析和启示［J］.图书馆杂志，2015，34（4）：94–102.

第四节　英国阅读推广特点

一、"以读者为中心"的发展理念深入人心

"读者发展"这个词汇最早是在 1995 年由开卷公司的雷切尔·冯·里尔提出，它被定义为一种主动介入的实践活动，以增强自信和享受阅读，扩展阅读选择，提供分享阅读经验的机会，并将阅读提升为一种创造性的活动。该公司的汤姆·弗雷斯特后来对这个概念作了进一步的阐述：它是读者文化能力的发展，它传播阅读经验及其能为个人带来的改变，而不是推销某本书或某个作家；它通过扩展读者的阅读视野来提升文化，使其不再局限于特定的作家，帮助读者树立信心尝试阅读新的作品[①]。

开卷公司领导实施了当时最大的一个国家级读者发展项目"分支"（Branching out），产生了较大影响。首批 34 个参与的图书馆员，代表 33 个图书馆机构和国家盲人图书馆，接受了一个完整的培训计划，涉及读者发展工作的许多方面。项目的目标是通过每一个参与"分支"项目的馆员的宣传和实践，将读者发展的理念层层传播，扩展到所有馆员。项目带来显著的图书馆文化的改变，读者发展被越来越多的图书馆员认同，逐渐成为图书馆发展的主流[②]。从此以后，英国公共图书馆的阅读推广活动均被冠之以"读者发展"的名义。

"读者发展"这一概念的提出是以读者为中心的现代图书馆服务理念的体现，直击图书馆功能的核心：怎样使阅读更快乐？它立足于这样一个动因：受到鼓励而享受阅读的民众将拥抱图书馆。这一读者发展理念使当时其他的关于图书馆核心功能的争论都相形见绌，因为它承认并强调了阅读行为的中心地位和重要性——没有阅读，图书馆将一无所用。读者发展的基础是人，但并不是简单的读者数量的发展，而是读者素质的发展，是提升读者的阅读兴趣和读写能力。这种以人为本的理念推动了图书馆将发展重心从"以资源为中心"转向"以读者为

---

① 秦鸿.英国的阅读推广活动考察［J］.图书与情报，2011（5）：46–50.

② 许桂菊.英国、美国、新加坡儿童和青少年阅读推广活动及案例分析和启示［J］.图书馆杂志，2015，34（4）：94–102.

中心"①。

二、阅读推广上升为国家文化战略

国际阅读学会在总结阅读对于人类的最大的益处时,曾经在一份报告中指出,阅读能力的高低直接影响到一个国家和民族的未来。而要提高全民族的阅读水平和文明素质,将是一项长期的任务,而阅读推广工程更是一个长期的工程。

英国将提升民族阅读水平上升为一种国家行动,将较为分散的倡导阅读的力量和声音变成一个国家工程。文化媒体体育部(DCMS)、博物馆图书馆档案馆委员会(MLA)、英国文学基金会(The National Literary Trust)等国家级机构通力合作,为读者发展提供了持续的资金支持。特别是国家阅读年的推出,吸引了最广泛的机构参与,使全社会更加深入地认识到阅读的重要性和紧迫性。依托像阅读协会这样的独立机构协调整合各方力量,通过国家计划的实施扩大活动规模和影响,以图书馆为主体,将分散的各类全民阅读促进活动进行系统化、组织化,有效地推动了全民阅读活动的开展②。

此外,健全的法律法规体系是英国公共图书馆开展包括阅读推广活动在内的各项图书馆服务的有力保障,是英国公共图书馆事业蓬勃发展的法律基础。英国首部公共图书馆法是英国国会于1850年颁布的《公共图书馆法》③,为公共图书馆阅读推广服务在英国全面开展奠定了坚实的法律基础。1964年的英国《公共图书馆和博物馆法案》规定向在本地生活、工作和学习的居民提供综合有效的图书馆服务是所有地方政府的法定职责,为英国设定了现代公共图书馆服务基准④。2001年英国首次颁布了《公共图书馆服务标准》明确定义了图书馆向公众提供"综合及有效服务"的法定责任并首次确定了公共图书馆的绩效管控框架⑤。为了更好

① 秦鸿.英国的阅读推广活动考察[J].图书与情报,2011(5):46-50.

② 秦鸿.英国的阅读推广活动考察[J].图书与情报,2011(5):46-50.

③ The National Archives.Public Libraries Act 1850[EB-OL].(2011-10-20)[2018-06-15].http://www.legislation. gov.uk/ ukpga/1850.

④ The National Archives.Public Libraries and Museum Act 1964[EB-OL].(2011-10-20)[2018-06-15].http://www. legislation.gov.uk/ukpga/1964/75.

⑤ DCMS.Public Library Service Standards 2008[EB-OL].(2011-10-20)[2018-06-15].http://www.culture.gov.uk.

地推动英国阅读推广的发展，英国政府于 2003 年颁布了一个描绘未来英国公共图书馆发展的十年蓝图——《未来的框架》（Framework for the Future），明确指出公共图书馆不仅要在发展阅读和学习、提供数字化技能和服务方面承担主要任务，同时还应在加强社区凝聚、促进社会包容和培养公民价值观方面发挥作用[①]。这无疑将公共图书馆的阅读推广活动纳入更广阔的社会文化战略层面。2010 年，英国又颁布了《公共图书馆现代化综述》，为公共图书馆绘制了发展蓝图，以满足公众对图书馆以用户为中心的服务期望[②]。这些标准的设立为英国公共图书馆阅读推广活动设定了服务基准，使得活动的组织和开展都有着明确的目标和衡量标准。

三、以图书馆为核心，注重多方合作

在英国全民阅读实践中，图书馆扮演着十分重要的角色，它是全民阅读的重要倡导、组织和实施者，在阅读推广中具有不可替代的作用。图书馆因具备以下四个主要优势而在阅读推广中居于核心地位：提供中立的受欢迎的社区空间、支持积极的公民权、拥有大量馆藏、馆藏范围超越图书（包括计算机网络与软件）。中央和地方政府都十分重视公共图书馆的地位和作用，将其作为民主制度的重要产物，认可其作为保障社会公平和实现公共服务目标的代理人角色[③]。

英国《未来的框架》明确提出："图书馆是一个建立在共享理念上的非常重要的公共机构。"图书馆与图书和阅读有着天然的联系，它为阅读行为提供阅读材料和阅读场所。同时，图书馆除了图书借阅的功能，还是正式和非正式的社区学习中心，而阅读和学习是息息相关的，图书馆推动的自主学习对终身学习文化的形成非常重要。2002 年，国家彩票基金的投资为英国所有的公共图书馆安装了数字信息基础设施，建立了在线学习中心，提供公共的互联网接入，为数字时代的网络阅读和学习提供了保障。英国博物馆、图书馆和档案馆委员会（MLA）的相关报告表明，目前英国的公共图书馆已成为普通居民的社区中心，成为他们利用图书、获取信息的重要来源。2006 年的数据显示，公共图书馆每年向公众

① 李锦霞. 基于英国阅读推广实践经验之分析与比较研究［J］. 山东图书馆学刊，2017（03）：68–72.
② DCMS. Public The Modernization review of public libraries：A policy statement. 2010［EB/OL］.（2011–11–20）［2018–06–15］.http://www.culture.gov.uk.
③ 李保东. 英美全民阅读推广实践研究及启示［J］. 图书馆理论与实践，2015（11）：24–29.

开放时间的总数已经超过 600 万小时，到馆人数约两亿九千万人次，图书馆每年回答用户问题数量达 4750 万人次，超过 92% 的用户对图书馆提供的服务表示满意。据英国拉夫堡大学统计，英国人口中大约有 58% 的成人和 82.6% 的儿童拥有图书馆借书证，2009 年居民人均到访公共图书馆 5.3 次 ①。

另一方面，英国图书馆在阅读推广活动中并不是孤军作战，而是广泛发展合作伙伴，建立了比较成熟的多方合作机制，形成了运转高效、绩效显著的全民阅读推广服务体系。图书馆合作伙伴包括图书馆、教育、出版销售、作家、阅读、档案、基金会等相关的专业团体，广泛整合各方力量和社会资源进行阅读推广。既注重与业界的合作，以便促进阅读推广的广度；又注重与读者的合作，达到促进读者参与阅读推广的效度 ②。

① 秦鸿. 英国的阅读推广活动考察［J］. 图书与情报，2011（5）：46–50.
② 王婷. 英美图书馆阅读推广活动及启示［J］. 图书情报工作，2016（s2）.

第五讲
德国阅读推广

第一节　德国阅读推广概况

一、德国阅读推广的文化背景

德国拥有丰厚的历史文化底蕴，悠久的阅读传统。早在 18 世纪晚期的德国，阅读推广就被视为开创公开、理性的文明社会的关键教育举措，孩童期和青春期是获取知识的黄金时期，因此关乎少年儿童的书籍备受推崇。在 18 世纪末，德国曾掀起了历时 25 年之久的"阅读革命"，这场革命的深远影响可比肩法国大革命和英国工业革命。经过这场革命，读书不再是王公贵族的特权，德国中产阶级开始阅读图书，掀起了整个社会阅读图书的序幕，孕育了德国人扎实的阅读根基[①]。伴随着 19 世纪威廉·冯·洪堡（Wilhelm von Humboldt）推崇阅读"纯正"艺术和文学"巨作"的新古典主义教育理念的兴起，对古典艺术文化和诗歌的鉴赏成为社会精英们热力追捧的目标，阅读推广成为 19 世纪晚期到 20 世纪早期广泛艺术教育运动的一个组成部分，这时的阅读推广实际上就是对文化艺术（尤其是那些经过精挑细选的高品质文艺作品）推广。后来由于电视、电脑、网络等的出现，成人和儿童的图书阅读量的下降使得阅读推广有时成为捍卫传统读书乐趣、

---

① 郭菁 . 国外全民阅读推广对我国的启示［J］. 内蒙古科技与经济，2015（9）：111–112.

提升图书阅读量并与其他新兴电子媒体竞争的重要手段 ①。

德国全民阅读的文化基础雄厚，据统计拥有 8200 万人的德国有着 2000 多家出版社，每年出版 8 万多种新书；35 万平方公里的土地上有 6000 多家书店，14000 多座图书馆 ②，偏僻的乡村小镇都设有图书馆和阅读中心，民众阅读非常便利。除了拥有悠久的阅读传统，这样全阅读的盛况也和德国推行的聚焦于阅读的国家战略密不可分。德国高度重视国民阅读，约有 2000 多个阅读推广活动，各级政府、学校、图书馆、家庭以及各类社团机构都积极开展针对性较强的阅读推广活动，鼓励和吸引青少年儿童从小爱读书一直为德国阅读推广的重点。其中，公共图书馆承担着辅助青少年儿童教育的重大责任，在国民阅读推广活动中发挥了不可替代的作用 ③。除此之外，德国还有 200 多个从事阅读推广的组织和机构，其中最著名的是成立于 1988 年的促进阅读基金会，历届德国总统都担任该基金会的名誉主席。遍布全国的各类图书馆也是阅读推广的主阵地，各个图书馆每年都开展丰富多彩的阅读活动 ④。

二、德国社会阅读面临的危机

虽然德国有着先天的阅读传统根基和后天强劲的文化驱动力，但随着社会结构和人们生活方式的改变，新思想文化的侵入，以及电视、网络等新技术浪潮的冲击，德国的阅读率还是出现了下滑，"书籍"这个话题自 1992 年开始越来越少地在家庭中被提起。根据千禧年德国阅读行为调查显示，德国较少阅读和基本不阅读的人占了国民总数的 45%⑤。根据 2013 年国际学生评估项目PISA（Programme for International Student Assessment）和经济合作与发展组织（OECD）的一项针对全民阅读情况和读写能力的调查，德国儿童的读写能力在过去十年中"存在较为严重的缺失"，有 1/5 的 15 岁以下青少年仅拥有"基本阅读水平"（Rudimentary Level），约 750 万德国成年人可以被定义为"功能性文

① 李晓敏．中外图书馆阅读推广活动比较研究［D］．河南科技大学，2012．
② 舒昊．德国推动全民阅读——全民阅读的国家战略［J］．上海教育，2017（24）：6–7．
③ 宫丽颖，祁迪．德国公共图书馆的青少年儿童阅读推广［J］．出版参考，2014（19）．
④ 张新杰．国外阅读推广的实践经验分析及启示［J］．南阳理工学院学报，2017，9（1）：114–116．
⑤ 李蕊．德国社会阅读推广考察及启示［J］．图书馆界，2014（1）：46–49．

言"（Functionally Illiterate），只有 20% 的德国人能够"进行定期或经常性阅读"。2013 年德国图书信息中心公布的调研显示，德国的亲子共读普及率依然不甚理想，30% 的家庭很少或从未给孩子（2~8 岁）进行阅读训练，特别是受教育程度不高的家庭，虽然这与 2007 年相比已经降低了 6 个百分点。当德国 15% 的劳动力人口没有适当的阅读能力，不仅会影响其个人对社会和职业生活的参与，在国家层面也会带来经济和社会发展的阻滞[①]。

第二节　德国阅读推广机构

在德国庞大的全民阅读推广体系中，图书馆作为全民阅读的中坚力量，阅读基金会作为具体工作的重要抓手，形成了从图书馆、阅读基金会，到学校、家长、医生、社区等社会各界力量共同参与、携手合作的模式[②]，很多特色阅读项目是由促进阅读基金会连同许多著名的机构、企业、出版集团、图书馆、学校、新闻媒体以及政府部门共同策划组织的。

一、图书馆

德国的公共图书馆主要包括州立图书馆、市（镇）图书馆、社区图书馆。据歌德学院统计，德国共有 11350 家图书馆，其中，联邦各州总共设有 40 家州立图书馆，属于地区或县拥有的约为 5400 家，包括 150 家流动图书馆和 70 家音乐图书馆，设在医院给病人使用的医院图书馆有 350 家，80 家大学图书馆（包括 670 家院、系图书馆），175 家应用技术大学图书馆以及 900 多家专业科研图书馆，德国还有 4000 多家设在中小学内供学生和教师使用的图书馆，约 1800 家的私人或公立专科图书馆并未包括在上述统计数据之内。加上 4500 多家教会图书馆，德国图书馆的实际总数字应该在 18000 家左右。此外，根据德国图书馆协会统计，2012 年德国的图书馆有效读者（Active Reader）达到 1100 万人，到馆访问 2 亿

① 陈慰．德国全民阅读推广研究［J］．图书馆理论与实践，2016（3）：17—22.
② 同上。

多人次，图书馆从业人员 2.23 万人。遍布全国各地的各类图书馆让德国人看书"比买啤酒还方便"①。

德匡的公共图书馆开展和参与了很多全国性的丰富多彩的阅读推广活动，例如德国布里隆市图书馆馆长乌特·哈赫曼设计发明的"阅读测量尺"，由德国公共图书馆和学校教育机构联合实施的网络项目安托林（ANTOLIN），以及由联邦德国教育与研究部和德国阅读促进会联合发起的，图书馆与地区州政府机构、儿童医院、学校、出版商和热心公益的社会力量共同参与的"阅读起跑线"活动。除全国性的活动，各图书馆也纷纷开展各具特色的阅读推广活动。例如科隆市中心图书馆根据未成年人生理和心理特点开展了丰富多彩的分级阅读推广活动；法兰克福市图书馆的"阅读螺线"，更是使阅读促进工作系统化、体系化的一个典范，它使阅读促进活动具有延续性和变化性②。

二、政府

在德国，政府把阅读视为一项儿童启蒙的社会工程，历来重视儿童阅读习惯的培养。德国还将儿童阅读上升到国家战略的高度，制定了一系列推动儿童阅读的政策和制度，给儿童阅读推广提供了法制保障，使其成为一种常态化的推广机制，并在儿童阅读推广方面成效显著③。

联邦政府对图书馆事业的发展予以重视，2009 年制定了《阅读促进标准评估系统》④，为阅读推广工作提供法律保障，同时对图书馆领域的财政拨款也呈现逐年递增的趋势，从 2000 年的 119 万欧元增至 2009 年的 137.9 万欧元，虽增幅不大，但却是德国联邦政府在文化领域财政拨款总量排名第三的领域，约占 2009 年公共文化领域财政投入的 15%⑤。

联邦政府还资助成立了德国促进阅读基金会、德国青少年文学工作委员会等

① 陈慰. 德国全民阅读推广研究［J］. 图书馆理论与实践，2016（3）：17–22.

② 崔稚英. 德国公共图书馆阅读推广活动 — 典型案例与分析［C］. 图书馆与经典阅读研讨会. 2011.

③ 芦婷婷. 德国儿童阅读推广举措及对我国的启示［J］. 图书馆工作与研究，2016，1（6）：116–120.

④ 龙叶，刘彦庆，雷英杰. 各国国民阅读推广对我国的启示［J］. 现代情报，2014，34（6）：18–22.

⑤ Public expenditure on culture［EB/OL］.（2015–06–24）［2018–06–15］. https://www.destatis.de/EN/FactsFigures/SocietyState/EducationResearchCulture/EducationalCulturalFinance/Tables/ExpenditurePublicBudgetsArtsCulture. html.

组织，其中成立于 1988 年的"促进阅读基金会"，它是民间组织，但历任名誉主席都由德国总理担任，因此对提升基金会的知名度、筹集经费、联合其他社会团体、促进阅读活动项目措施、开展国民阅读调查研究等各方面工作均起到重要作用 [1]。

三、学校

鼓励和吸引青少年儿童从小爱读书一直为德国阅读推广的重点，德国的中小学强调课外阅读，既能作为学生课堂学习的重要补充，也能在课后持续拓宽学生的知识面。在周末及寒暑假期间，不少中小学会规定学生阅读一定数量的书籍，读完后，还有相应的检测。同时，学生可以通过参加学校或图书馆举办的暑期阅读俱乐部活动，通过竞赛方式，完成读书任务的学生能获得"阅读证书"作为奖励，拥有证书的学生新一学期的德育成绩会获得一定的加分。这些内容丰富、形式多样的课外阅读、暑期阅读活动得到了来自学校、老师、图书馆、阅读基金会、家长等方面的大力支持和合作 [2]。

在德国，很多学校不仅内设公共图书馆，还积极联合社会力量开展针对性较强的阅读推广活动。例如，汉堡市的小学与汉堡公共图书馆建立了合作关系，汉堡公共图书馆参与推进一至八年级学生的学习项目，通过提供馆藏、开展阅读讲座、发放阅览箱、举办阶段阅读活动等多种途径积极支持 50 余家学校图书馆的发展，激发青少年儿童读者的阅读兴趣，培养阅读理解能力。学校教育机构还与德国公共图书馆联合实施了青少年儿童阅读推广网络项目安托林。有意愿参加安托林项目的学生可通过学校班主任老师报名，在网页上进行阅读账号注册参与活动。学校班主任老师可以借助该阅读推广项目的平台，掌握学生的阅读状况，并进行针对性的辅导 [3]。

四、出版业

出版业和图书馆作为德国庞大的存储和传播机构体系中的杰出代表，在阅读推广中发挥着主力军的作用。德国出版业在欧洲乃至世界久负盛名。据统计，全

[1] 李慧敏 . 婴幼儿童（0–6 岁）阅读推广案例特色研究——以英国、美国、德国为例［J］. 图书馆工作与研究，2011（8）：109–112.

[2] 陈慰 . 德国全民阅读推广研究［J］. 图书馆理论与实践，2016（3）：17–22.

[3] 宫丽颖，祁迪 . 德国公共图书馆的青少年儿童阅读推广［J］. 出版参考，2014（19）.

德约有 2632 家出版社，每年大约推出 8 万种出版品，市场十分兴旺。法兰克福和莱比锡是德国图书出版业的中心，每年两地都会举办宏大的图书展览会，尤其是法兰克福图书展览会，据说已有 600 年的历史。依托着强大的出版业，德国的书店体系十分庞大，以充分满足人们的购书欲望和阅读需求[①]。

法兰克福书展由德国书业协会于 1949 年创办，每年 10 月第一个星期三至第二个星期一在法兰克福举行，为期 6 天，通过丰富多样的展览方式，向观众和读者展示各国的文学作品，促进图书、文化和思想的交流。如今的法兰克福书展作为世界上最大的国际图书博览会，不仅是出版交易的中心，促进了国家和地区的出版业发展，还是文化交流的舞台，极大地丰富了法兰克福及周边地区的文化活动，充分调动了全民参与阅读、推广阅读、热爱阅读的激情，为公众开阔视野提供了诸多体验和交流活动，促使流行趋势与现实紧密结合。

同时，德国的书店不会因为商业利润而大量销售畅销书，书店会照顾到不同人群的阅读需求和消费者的文化需要。例如，柏林等一线大城市的书店经常会举办读书会或朗诵会，提倡人们在日常生活中积极阅读，让阅读成为群众日常生活的一部分。为配合图书馆阅读活动、地方性阅读节日，各大书店也会推出免费发放购书代金券或购书打折优惠等活动，鼓励和培育全民的阅读消费，进而促进全民阅读的发展。据德国联邦统计局（Federal Statistical Office of Germany）统计，2013 年德国实体书店年营业额达 46.4 亿欧元（与 2012 年相比增长 0.9%），占图书行业总营业额的 48.6%，2012 年各图书零售店聘用的员工总人数为 31700 人[②]。

五、社团组织

专业学会、协会，各种民间社团组织，是介于政府、企事业单位之间的社会中介组织。行业协会是一种民间性组织，称为非政府机构（NGO），是政府与企事业单位之间的桥梁和纽带。专业学会、协会的个人会员，往往都由行业内的专家学者、德高望重的人士组成，其作用是通过组织行业的社会资源，处理和协调各种关系，为行业提供专业服务，并履行一定的监管职能。这种行业组织也是推

---

① 李蕊.德国社会阅读推广考察及启示［J］.图书馆界，2014（1）：46–49.
② 陈慰.德国全民阅读推广研究［J］.图书馆理论与实践，2016（3）：17–22.

广阅读的一支不可忽视的力量[①]。

德国共有 200 多个促进阅读的社团组织，民间组织更是不计其数，他们的目标都旨在激发民众的阅读热情，促进社会阅读的繁荣发展。其中成立于 1988 年的德国促进阅读基金会，其历任名誉主席都由德国总理担任，是德国推广全民阅读的重要社会力量和民间组织。基金会既是能够从全国范围上推动和促进阅读、在学术研究和项目推广方面发挥着重要作用的民间力量，又是积极促进政府机构、公众、科学和经济等各领域之间交流与合作的主要机构。27 年来，基金会以传播阅读乐趣为目的，以开展预防文盲工作为己任，以对阅读行为进行详细研究为主要工作，深入幼儿园、学校、图书馆、社区，与国内外文化、艺术、经济、政治等多领域进行了一系列交流和合作，促成了许多全国性乃至国际性的重大项目的开展，并积极在媒体上不断宣传，呼吁民众积极阅读，培养阅读意识[②]。德国促进阅读基金会在全国组织了 9000 多名读书志愿者，在推动德国全民阅读方面做了大量卓有成效的工作，比如 2007 年联邦德国教育与研究部和促进阅读基金会联合发起"阅读起跑线"工程，目的在于为所有儿童提供均等的教育机会。根据不同年龄段提供了 3 个儿童阅读大礼包，医院、学校、图书馆是派发礼包的重要力量。2009 年，德国促进阅读基金会发起了"阅读筑桥"项目，该项目一方面是为了推动阅读活动，另一方面是为了弥合一代与一代之间的交流代沟[③]。

六、医疗机构

2006 年，德国实施"阅读起点——阅读的三个里程碑"项目，其中儿童医院是重要的参与者。该项目认为，有孩子的家庭，自孩子出生之日起至孩子进入校园的这一阶段，需要完成三个阶段的"阅读里程碑"，即分别在孩子 10~12 个月、3 岁左右和 6 岁左右时为其免费发放阅读大礼包。孩子生下来，第一次去打预防针，就会从医生那里得到第一本书籍[④]。据统计，截至 2013 年，德国约 5000 多名儿科医生加入了"阅读起点——阅读的三个里程碑"项目，将读书的种子植

○ 卢容.中外阅读推广的体制机制比较［J］.出版广角，2015（Z1）：89–91.
② 陈慰.德国全民阅读推广研究［J］.图书馆理论与实践，2016（3）：17–22.
③ 郭菁.国外全民阅读推广对我国的启示［J］.内蒙古科技与经济，2015（9）：111–112.
④ 芦婷婷.德国儿童阅读推广举措及对我国的启示［J］.图书馆工作与研究，2016，1（6）：116–120.

入拥有新生命的家庭①。医疗机构的加入，为婴幼儿阅读的推广贡献了重要力量。

第三节　德国图书馆主要阅读推广活动

在德国，公共图书馆作为阅读推广工作的主力，积极与阅读基金会、政府、学校、社区等其他机构合作，协力开展了针对不同群体、不同区域的丰富多样的阅读推广活动。本节简要介绍德国国家级、区域性以及网络环境下的阅读推广活动，并通过案例介绍图书馆在其中所承担的角色和任务。

一、国家级社会阅读推广项目

（一）阅读测量尺

在德国，一些地区的婴儿出生后会得到图书馆赠送的"阅读礼包"，里面包括两本经得住啃咬的图书玩具和一个提供0~10岁最佳阅读和语言提高信息的阅读测量尺。阅读测量尺是德国布里隆图书馆馆长乌特·哈赫曼女士根据教育认知理论及阅读理解能力亲自设计的，目的是将图书带入游戏，使孩子喜爱阅读，现已成为一项国际性标准，在很多国家普及开来。

阅读测量尺是家长的帮手，也是图书馆促进早期阅读的重要工具。这把阅读测量尺可以清楚地告诉父母每个阶段孩子的年龄特点、需要何种读物。测量尺分成赤、橙、黄、绿、青、蓝、紫以及粉红、桃红、橘红10段，分别对应0~10岁的孩子。每个色段都会根据该阶段内孩子的心理状况和发展特性提供相应的阅读玩具、阅读书籍和育儿知识。不同层次的阅读刺激能进一步激发孩子的兴趣。

阅读测量尺可以挂在家中、幼儿园、学校、图书馆，方便简明。阅读测量尺将阅读的形式和内容，以一种更加直观、更符合儿童特点的方式显现，体现了儿童成长规律。它像成长记录一样，不仅记录孩子们身体上的变化，而且记录他们心灵的成长轨迹。当孩子们一步一步完成阅读尺上的阅读要求时，他们不仅完成

---

① 陈慰.德国全民阅读推广研究［J］.图书馆理论与实践，2016（3）：17–22.

了自身的蜕变,而且真正体会到阅读的收获和快乐[①]。它是一种十分值得借鉴和推广的阅读方式,现将阅读测量尺的内容摘录如下:

表 5-1　阅读测量尺

身高	年龄	特征	小贴士
150cm	10 周岁大	在这个年龄段,孩子喜欢读冒险,充满幻想色彩的书籍,家长对孩子与媒体间的接触有着持久性的引导作用。	—
140cm	8~9 周岁	在这个年龄段,孩子们几乎能逐字逐句地读懂文章,家长由朗读者转变成听众。如果孩子在朗读过程中遇到困难,家长应给予积极帮助。	家长与孩子定时一起买书,一起去图书馆,谈论书籍在此阶段尤为重要。
130cm	7 周岁	在这个年龄段,学习阅读占主要地位,爸爸一句,妈妈一句,孩子一句,轮流朗读增添无限乐趣。	如果孩子要求,请家长继续朗读。
120cm	5~6 周岁	在这个年龄段,幼儿园的孩子应该学习怎样融入集体生活中去。孩子们学会理解其他孩子的观点,增强孩子对汉语拼音、简单汉字和数数的兴趣。	给孩子们阅读的书应涉及这方面的内容。
110cm	4 周岁	在这个年龄段,孩子能把书中的情景和自己的生活结合起来。家长应当观察孩子的心理活动、愿望和爱好。	家长们时时关注儿童图书馆的活动信息。
100cm	3 周岁	在这个年龄段,书对孩子学习语言有着积极作用。每个孩子已有自己喜爱的主题。	家长们在孩子睡前为他们朗读。
90cm	2 周岁	在这个年龄段,幼儿们能逐渐理解书中含有两至三个人的小情景,简短的小故事深受小孩子青睐。	家长用自己的语言给孩子讲述书中的故事片段。
80cm	1 周岁半	在这个年龄段,幼儿的感官协调能力得到提升,认出书中的图片,幼儿们乐意听大人讲。	家长和幼儿一起看书,一起说出书中物品的名称。
70cm	1 周岁	在这个年龄段,一页一件物品的厚页小书是最佳选择,幼儿们能独立翻页,一岁之前认出书中的每件物品。	将真正的物品摆放在书旁。
60cm	婴儿	在这个年龄段,书是婴儿的玩具。触摸书、木头书和塑料书是婴儿的第一本书。爱读书的家长是婴儿的好榜样。	—

[①] 周园.中外图书馆儿童阅读推广启示 [J].四川图书馆学报,2012(5):73-76.

（二）"阅读起点——阅读的三个里程碑"项目

该项目由联邦德国教育与研究部和德国促进阅读基金会联合发起，主要有州政府机构、儿童医院、图书馆、学校、出版商和社会力量等参与者。该项目是德国效仿英国的"阅读起跑线"计划而实施的本土化项目，旨在为所有的儿童提供均等的教育机会。德国自 2006 年开始实施本土化的"阅读起跑线"计划，北威州的布里隆市图书馆发出了第一份关于实施"阅读起跑线"计划的倡议，迈出了实施该计划的第一步。2011 年秋，联邦德国教育与研究部正式提出开展全国性的"阅读起跑线"计划，并将其解读为"三个阅读里程碑"[①]。有孩子的家庭，自孩子出生之日起至孩子进入校园的这一阶段，需要完成三个阶段的"阅读里程碑"，即政府分别在孩子 10~12 个月、3 岁左右和 6 岁左右时为其免费发放的阅读大礼包，"礼包"包括玩具、一系列儿童读物、儿童成长的健康记录本等物品，以及给父母阅读的有关教授孩子阅读和识字的书籍资料等。孩子生下来，第一次去打预防针，就会从医生那里得到第一本书籍；到了 3 岁，会从社区图书馆得到第二本图书；到了 6 岁孩子入学的年龄，则会得到第三本图书。这样，儿童时期的三个里程碑就算完成了。这三个里程碑是根据每一阶段儿童的需求和特点制定的，将玩乐和阅读有机结合，更好地将兴趣融入儿童的内心，还有一些针对家长如何指导孩子阅读的书籍[②]。

据统计，截至 2013 年，德国约 5000 多名儿科医生加入了"阅读起点——阅读的三个里程碑"项目，将读书的种子植入拥有新生命的家庭。从 2011 年至今，德国境内共发放了 450 万个阅读礼包，至今已有超过 4800 家图书馆加入到该项目中来。通过该项目，62% 的德国家长能够掌握基本的阅读辅导能力和信息，较为有效地提高了对孩子进行阅读训练的效果，25% 的家长会在今后继续对阅读训练保持积极的态度[③]。

（三）德国朗读活动

在金秋时节，德国开展全德朗读日，由家长和事务部部长到图书馆给孩子们

---

① 张庆，束漫. 德国公共图书馆儿童阅读推广活动发展现状研究 [J]. 图书馆建设，2016（11）：38–43.

② 芦婷婷. 德国儿童阅读推广举措及对我国的启示 [J]. 图书馆工作与研究，2016，1（6）：116–120.

③ 陈慰. 德国全民阅读推广研究 [J]. 图书馆理论与实践，2016（3）：17–22.

朗读。该活动受德国著名报纸《时间日报》的重点报道；德国的朗读俱乐部还通过基金会、互联网召集民众进行朗读培训，经培训的民众到图书馆为孩子朗读；此外，图书馆还为小学生定期举办了朗读比赛，参与对象是 6 年级的学生，比赛依次产生班冠军、校冠军、州冠军和国家冠军。国家冠军能获得与总理一起阅读的殊荣，十分诱人①。

朗读俱乐部的成立同样值得一提。为了减轻因社会节奏加快而忽视阅读的现状，充分利用阅读资源，提高阅读率，德促会连同德国《时代》周报成立了朗读俱乐部，目标是希望创建一个朗读志愿者的网络群，通过这些志愿者把朗读的力量延续下去，给孩子们做出表率、传递快乐和知识，促进儿童阅读发展。志愿者通常都是阅读爱好者，而且为人热忱，富有感染力，喜欢同孩子们在一起。俱乐部会通过讲座和研讨会的形式对志愿者进行培训，同时会为他们颁发证书、会员卡等，以确认他们的志愿者身份。此外，德促会还给朗读志愿者派发"读书背包"，定期给家长、教师、促进阅读者推荐阅读书目，使朗读和讲故事活动规律且有意义地进行下去②。

（四）"读书小海盗"竞赛

"读书小海盗"竞赛活动起初是由德国北威州促进阅读组织发起的，现已推广到全国及海外。阅读组织会邀请相关专家挑选出 2563 种图书，孩子们通过阅读图书并回答问题来完成竞赛活动。这项竞赛与学校联合开展，孩子们可以在图书馆借到这些图书，学校图书馆也会在书籍上贴上"小海盗"图标。每读完一本书，就可以去网站寻找这本书，然后对图书进行评分并回答相关问题，网站还会及时公布答案、读者得分、读者在"读书小海盗"竞赛中的总积分以及自己在学校甚至全国的排名。"读书小海盗"活动把传播的媒介和互联网相互联系，从而激发孩子读书的兴趣和好胜心，调动了孩子们阅读的积极性。该活动无论是在德国国内的小学，还是设在海外的德国学校都得到了极大的推广。现在大约有 3 万多名小学生参加读书小海盗的阅读比赛活动③。

① 李冠南，王永丹.德国公共图书馆未成年人服务初探［J］.山东图书馆学刊，2015（4）：74–78.
② 李蕊.德国社会阅读推广考察及启示［J］.图书馆界，2014（1）：46–49.
③ 芦婷婷.德国儿童阅读推广举措及对我国的启示［J］.图书馆工作与研究，2016，1（6）：116–120.

（五）"爸爸给我读书"项目

家庭的阅读氛围对一个人阅读习惯的养成至关重要。德国促进阅读基金会做过一项阅读调查，显示只有 8% 的受访儿童称他们的父亲会定期给他们阅读。针对此种现状，德国阅读促进基金会在 0~12 岁的儿童中开展了"爸爸读书给我听"的阅读推广活动，号召爸爸们肩负起给孩子读书的责任[①]。这个项目主要是面向那些有工作的父亲，德国促进阅读基金会将精心挑选的阅读指导资料和故事材料制作成电子文件的形式后免费分发给各支持参与机构，父亲通过网络下载资料并利用闲暇时间为孩子讲故事。这些故事每周都会进行更新，题材广泛而且会根据不同年龄、不同性别进行分类，充分节约了家长为寻找故事而花费的时间[②]。

（六）"阅读筑桥"项目

2009 年，德国促进阅读基金会发起了"阅读筑桥"项目，这个项目不但是为了推动阅读推广活动，还是为了弥合代与代之间的交流鸿沟。项目首先在 Bielefeld 试行，德国阅读基金会组织了由 14~16 岁的接受朗读培训的青少年到老年人家中为其进行朗读，具体读物由德国阅读基金会选择和提供，包括短故事、歌曲、神话传说、非小说类作品等内容的图书，一般一次活动不超过 10 个人，青少年给老年人朗读最多 10 分钟，然后老年人和青少年一起对书中的话题进行讨论，之后商定下次要朗读的图书，一般每月进行两次。项目的试行非常成功，德国阅读基金会建议当地的老年中心和学校可以一起开展此项目，在德国医疗保健部以及北莱茵 – 威斯特法伦州老年中心的支持下，该项目已经扩展到 11 个地区[③]。

二、区域性阅读推广活动

（一）法兰克福阅读螺线

法兰克福市图书馆根据本地区具体特点，有针对性地调查分析了各读者群体

① 芦婷婷.德国儿童阅读推广举措及对我国的启示［J］.图书馆工作与研究，2016，1（6）：116–120.
② 魏艳霞.英美德阅读推广活动及其对我国的启示［J］.内蒙古科技与经济，2014（24）：131–132.
③ 赵俊玲，郭腊梅，杨绍志.阅读推广：理念.方法.案例［M］.北京：国家图书馆出版社，2013.

的特点，对 0~18 岁青少年儿童展开了阅读促进工作，即法兰克福阅读螺线。他们设计实施体系化的阅读促进工作：

制定了具有延续性和变化性的阅读促进工作计划，每月的例行活动、主题活动和特别行动相得益彰；

把与学校、联合会等机构的合作看成是图书馆工作的基础，对内、对外开展"网络工作"；

密切关注少年儿童的兴趣所在，擅用各类型文本和媒体，从而让所有馆藏资源物尽其用，随时留意目标群体不断变化的发展状态，适时作出调整。

具体活动有五种形式：

纯观看，纯聆听，纯阅读：以"图书馆新新人"（6 个月以上）、"阅读小星星"（3 岁以上）、"阅读之夜"、"作家朗诵会"（6 岁以上）等为主题举办各种活动；

带着创意认识文学：开展"微阅读"、"阅读魔法"（4 岁以上）、"读书帮"（6 岁以上）等主题活动；

发展阅读、媒体和图书馆能力：有争当"阅读皇帝"（5 岁以上）、"法兰克福阅读之星"（8 岁以上）活动，有"图书馆导览"、"打开书——打开思想"（8~12 岁）长期项目，还有"多媒体旅行（为学校班级开设的内部导览）"及"少儿媒体评委会"（13~16 岁）团组活动项目；

促进学校教育：建立"法兰克福阅读指南针与阅读文卷"、"学习工作坊"（7~17 岁），并设立了"愿望周"（以猜谜、知识问答方式让学生们参与到馆藏建设中来，了解学生想读什么书等）；办理"法兰克福阅读护照"（6 岁以上）、"法兰克福阅读档案"（11 岁以上）等；

为信息传播者提供服务：主要有"诵读小贴士"、定期出版物、资料箱、"'准备就绪'接力赛"、培训服务等具体形式[①]。

（二）科隆市图书馆阅读推广活动

科隆市中心图书馆根据未成年人生理和心理特点开展了丰富多彩的分级阅读推广活动："书籍宝贝"针对的是半岁到 3 岁的孩子和他们的监护人，图书馆给

○ 崔稚英 . 德国公共图书馆阅读推广活动——典型案例与分析［C］// 图书馆与经典阅读研讨会 . 2011.

孩子提供适合的图书，并利用歌曲、韵律、手偶、朗读和游戏等开展丰富多彩的活动形式，同时还为家长提供育儿咨询；3~6岁儿童的活动有"图画书电影院""旅行图书馆"等；图书馆为6~12岁儿童组织3D效果的"iPad故事会""读书俱乐部"和"阅读长夜"等活动；16~18岁的青少年是一个相对难处理的人群，图书馆会邀请劳动局的专业人士给这一群体做职业前景、职业规划方面的讲座和报告，并指导学生写简历和应聘书。

此外，科隆中心图书馆还向特殊青少年群体开展阅读推广活动。例如"促进移民儿童阅读"，通过结对的方式，一对一帮助移民儿童读书识字；提供"跨文化媒体箱"，针对移民儿童家长的系列讲座等座；"踢＆读"是科隆中心图书馆发起的以阅读和踢足球相结合，专为男孩设计的阅读推广项目。科隆市立所有的公共图书馆都为男孩设立特别书桌，向学校借出专门针对这个群体的阅读箱，并增加对男孩的图书馆介绍等，通过一系列活动来促进男孩的阅读；科隆城区图书馆为青少年建立了游戏图书馆，游戏图书馆倡导"以游戏的方式学习"，学习形式为12个青少年为一组，先参加游戏活动，然后写小剧本，当然这里也有家长能参加的游戏活动。柏林城区图书馆定期为5~6岁的儿童开展讲哲学故事、"戏剧工作坊"等活动。该馆还利用员工的特长开展活动，如组织有烹调特长的员工讲菜谱故事，讲故事的过程中伴装做菜[1]。

（三）德累斯顿——"阅读力量"计划

2008年"阅读力量"计划启动，由德累斯顿市图书馆主办、德累斯顿市基金会资助。该计划为5~8岁儿童提供阅读推广服务，目的是促进目标群体的阅读、语言和写作能力，希望儿童尽早体会到文化的推动力。

主办机构为当地的幼儿园和小学一年级的学生分配阅读导师。加入该计划的幼儿园和小学可以根据需要选定阅读主题。在学期末，参与计划的学校还可以另选主题或举办其他活动。德累斯顿青年剧团和动物园也加入了该计划，成为儿童课外活动的拓展单位。

截至2013年2月，德累斯顿市共有84家幼儿园和32所小学加入到该计划中，到2014年，大约100名阅读导师义务地为学龄前儿童和一年级新生提供阅读服

---

① 李冠南，王永丹.德国公共图书馆未成年人服务初探［J］.山东图书馆学刊，2015（4）：74~78.

务。德累斯顿市立图书馆和各公共图书馆为各参与计划的幼儿园和小学分配阅读导师，是"阅读力量"计划的中坚力量。义务阅读导师的加入，使计划的进行更加顺畅。阅读导师各尽所能，举办了多种多样的阅读推广活动，并会定期接受进修和培训。此外，阅读导师还成立了"茶话会"，供参与者互相交流心得 [1]。

三、网络环境下的阅读推广项目

（一）阅读创造力量：阅读和电子媒体项目

"阅读创造力量：阅读和电子媒体"是在 2013 年 6 月由德国图书馆协会和 Digitale Chancen 基金会合作推出的项目。该项目由当地图书馆与当地至少两个参与"教育联盟"的机构合作开展，是联邦德国教育与研究部开展的"文化创造力量"计划的一部分，服务对象为使用数字媒体的 3~18 岁的儿童与青少年。其新颖之处在于，不仅致力于纸质文献阅读的推广，还十分强调数字媒体在当代阅读推广中的作用。该项目的发起机构认为，公共图书馆不仅要推动语言、阅读以及信息的传播，还要担负起提高公民信息传递媒介使用能力的责任。在当下日新月异的信息时代，儿童生活与数字媒体的接触成为必然。在"数字原住民"中进行阅读推广并提高儿童用户的信息素养，是该项目的首要任务。在"阅读创造力量：阅读和电子媒体"这一活动中，儿童和青少年可以制作视频、音频和其他多媒体形式的作品，并将作品发布到社交网络上。通过互联网，参与者可以共同完成文艺作品的编辑、传播和分享，将虚拟世界与现实社会相联结 [2]。

（二）ANTOLIN（安托林）

ANTOLIN 是由德国公共图书馆和学校教育机构联合实施的青少年儿童阅读推广网络项目。在该项目网站上，按青少年儿童的不同年龄段划分，列出了相适合的阅读书目和启发思考的提问。有意愿参加 ANTOLIN 项目的学生通过学校班主任老师报名，在网页上进行阅读账号注册参与活动。该项目实施阅读积分奖

---

[1] 张庆，束漫 . 德国公共图书馆儿童阅读推广活动发展现状研究［J］. 图书馆建设，2016（11）：38—43.

[2] 张庆，束漫 . 德国公共图书馆儿童阅读推广活动发展现状研究［J］. 图书馆建设，2016（11）：38—43.

励，即每阅读完老师或网页上的推荐书籍后，就可以在网上回答关于该书的各种提问。回答正确便会得到相应的网络打分并自动积累分数。年终达到一定阅读积分的学生将得到 ANTOLIN 项目机构颁发的阅读证书；达到"资深"级别的读者还可以得到阅读基金会的邀请，参加多种有趣有益的大型阅读推广活动并可获得丰厚的奖励。ANTOLIN 项目在德国青少年儿童中广泛流行，据统计，截至 2013 年 5 月，德国、奥地利和瑞士三个德语系国家中一共约 210 万中小学生参加了 ANTOLIN 项目，共阅读了项目提供的 5 万多册青少年儿童读物。该项目不仅有效地促进了青少年儿童的阅读兴趣，学校班主任老师也可以借助该阅读推广项目的平台，掌握学生的阅读状况，家长也可以了解孩子的阅读与理解能力，进行有针对性的辅导[①]。

第四节　德国阅读推广特点

一、图书馆与他方合作

德国各级各类图书馆不仅重视图书馆间的功能互补与协作，也十分注重与其他文教机构、社会团体开展合作，共同提高未成年人服务的水平。

（一）与基金会合作

在德国，约有 200 多个阅读推广机构和组织，民间组织更是不计其数，他们的目标都旨在提高民众的阅读热情，促进社会阅读的繁荣发展。公共图书馆积极与这些组织合作，共同促进阅读。成立于 1988 年的德国促进阅读基金会是德国社会阅读推广领域最卓有成效的机构。"阅读起跑线"活动和"读书奶奶"活动就是由德国公共图书馆和德促会联合发起的；德国北威州阅读基金还和当地图书馆联合发起"读书小海盗"活动。图书馆和阅读基金会的合作不仅能够得到资金上的保障，还能够扩大阅读的影响力。

---

① 宫丽颖，祁迪．德国公共图书馆的青少年儿童阅读推广［J］．出版参考，2014（19）．

（二）与学校合作

德国公共图书馆肩负着校外教育资源中心和文化机构的职能，在完善馆内资源的同时，公共图书馆还积极探索与学校的合作方式，每年举办多种多样的阅读活动，从而成为学校阅读教育的有力助手。例如科隆市中心图书馆为学校班级开设阅读导览活动，即由学校向图书馆预约，图书馆根据不同的主题和重点带领班级认识图书馆、学习如何利用图书馆；在小学生读书会活动中，图书馆工作人员为孩子们朗读符合其阅读水平的不同主题的图书，并引发孩子们的讨论；图书馆还为幼儿园的老师们提供"材料""实践箱"等；法兰克福市中心图书馆为本市所有学校提供促进阅读的行动计划和馆藏建设清单，还和学校联合成立了"学校图书馆工作处"，对全市 79 家学校图书馆进行统一管理和协调。

（三）积极利用志愿者队伍

德国图书馆使用志愿者极其普遍，德国人具有强烈的社会责任感，因此，基层图书馆主要以志愿者为主体。例如科隆的两所 mini 图书馆，工作人员都是志愿者。科隆城区图书馆为移民儿童开展的一对一结对帮助活动，也主要由志愿者参与。此外，志愿者还积极参与图书馆内的故事会和朗读活动。来自各行各业的志愿者们，拥有丰富的人生阅历，他们能够结合自己的人生经验教育儿童，并且使儿童阅读贴近生活，服务的范围不断扩大，服务的对象更加细致[1]。

二、政府为阅读推广提供法制保障

1763 年世界上第一个《普遍义务教育法》在德国诞生后，政府开始承担起整个民族教育的重任，在德意志民族走上全民免费教育之路的同时，德国历史学家罗尔夫·恩格辛（Rolf Engelsing）提出的"阅读革命"也被推向了高潮，使得"阅读"二字不再是德国贵族和精英阶级的特权，更多中产阶级和普通老百姓也能接触到书、阅读俱乐部、图书馆、文学沙龙等，阅读逐渐成为大众生活不可或缺的一部分，为全民阅读在德国的持续发展提供了良好的阅读传统和内在文化驱动力[2]。

阅读推广工作离不开图书馆事业的支持，为了保障图书馆事业的发展，德国

---

[1] 李冠南，王永丹．德国公共图书馆未成年人服务初探［J］．山东图书馆学刊，2015（4）：74–78.
[2] 陈慰．德国全民阅读推广研究［J］．图书馆理论与实践，2016（3）：17–22.

也建立了相关法律法规。目前德国涉及图书馆事业的法律主要有：《1965 年版权法》（2008 年 12 月 7 日最新修正）、《2006 年德国国家图书馆法》、《向德国国家图书馆缴存出版物条例》、《图林根州发布和修改图书馆规则的法律》（2008 年 7 月 16 日）①。

三、重视未成年人服务和青少年阅读推广工作

德国虽然少有独立的少儿图书馆，但各级公共图书馆都十分重视未成年人服务，把未成年人作为自己的重点服务对象。德国大约有 8000 家公共图书馆，这些公共图书馆几乎都建有专门的少儿服务区，如柏林城区中心图书馆，总面积 2200 平方米，其中 650 平方米是少儿服务区，其下的 7 个分馆也将大部分场地设为少儿服务区。科隆市的 2 家 mini 图书馆，尽管面积不大，但也为未成年人设置了专门的区域。各级公共图书馆的少儿藏书也占有很大比例，德国的中小公共图书馆文献配置中一半是青少年读物，文献种类十分丰富，有些图书馆电子文献占到 50%，其他如点读书、装有图画书 App 的 iPad 等，都极受少年儿童的欢迎。在人员数量上，各级公共图书馆中少儿服务人员占相当比例。如法兰克福市中心图书馆，总馆共 50 余名正式员工，其中少儿部有 10 人。柏林城区中心图书馆共有 28 名工作人员，其中少儿部有 6 人。德国的图书馆员都经过专门培训，专业的馆员队伍保证了少儿服务的质量②。

在 2001 年，欧洲进行了一次国际范围的研究调查。该调查结果显示，德国的中小学生在阅读方面能力非常差。为此，德国的教育家在图书馆工作人员的全力支持协助下，进行了深入的调查研究，并达成共识：阅读推广得从开始抓起，也就是说，对于孩子的阅读引导，应该尽早开始。因此，针对青少年儿童开展阅读推广活动便成为德国公共图书馆义不容辞并将持续进行的工作任务③。不仅如此，德国人认为阅读关乎国家未来，因此对于青少年儿童而言，大量的阅读能够

---

① 翟建雄 . 欧盟及欧洲诸国公共图书馆服务立法简述（上）［J］. 山东图书馆学刊，2010（2）：52–58.
② 李冠南，王永丹 . 德国公共图书馆未成年人服务初探［J］. 山东图书馆学刊，2015（4）：74–78.
③ 崔稚英 . 德国公共图书馆阅读推广活动 —— 典型案例与分析［C］// 图书馆与经典阅读研讨会 . 2011.

让他们更好地掌握读书技巧，迅速提高理解能力和思考能力，所以除了家长和学校的督促，政府也把阅读视为一项儿童启蒙的社会工程，有意让一些出版社出版儿童读物，并在大街小巷设立一些儿童书店，还支持图书馆开展了许多以青少年儿童为服务对象的阅读推广活动。2009 年，德国公共图书馆在国内共举办约30.4 万场活动，其中 70% 的活动都是面向 4~16 岁的青少年儿童 [①]。

四、重视数字媒体在儿童阅读推广中的应用

随着数字媒体以及数字出版的不断发展，尤其是数字时代的青少年儿童，其阅读方式和习惯发生了巨大的变化，网络、游戏、电子书等对青少年来说具有远甚于传统纸质图书的吸引力。数字媒体具有方便携带、趣味性强等优点，逐渐成为儿童阅读的重要媒介。虽然主流学术界认为数字媒体不能完全取代纸质图书，但作为儿童阅读的扩展与补充也不失为一件利器 [②]。

数字媒体的影响潜移默化，德国公共图书馆在进行儿童阅读推广活动时，已经开始有意识地利用数字媒体。就"阅读起跑线"而言，图书馆在为儿童提供纸质印刷读物的同时，还准备了 4 款免费的 App 作为纸质阅读的补充材料，儿童的父母可以将 App 下载进智能终端设备中。App 包含阅读礼包图书的电子版，并配有声音和动画，父母或者儿童可以将自己朗读的故事储存在其中，或者通过参与游戏与其产生互动，使阅读更加生动有趣。而在"阅读创造力量：阅读和电子媒体"这一活动中，数字媒体在阅读推广中的作用发挥得淋漓尽致。儿童在这一活动中不仅仅可以利用数字媒体进行阅读，而且还通过亲身体验，利用数字媒体创造作品，并进行分享和传播。儿童通过这一系列的活动，由信息的接收者变为信息的创造者，同时其信息素养也得到了相对的提升 [③]。

在社会上引起广泛话题的还有德国汉堡青少年图书馆。该馆在 2005 年建成后对外开放，以"对图书不感兴趣的青少年重新吸引到图书馆来"为经营宗旨，

① 陈慰．德国全民阅读推广研究［J］．图书馆理论与实践，2016（3）：17-22.

② 张庆，束漫．德国公共图书馆儿童阅读推广活动发展现状研究［J］．图书馆建设，2016（11）：38-43.

③ 张庆，束漫．德国公共图书馆儿童阅读推广活动发展现状研究［J］．图书馆建设，2016（11）：38-43.

规定凡年满 13 岁的青少年，持有图书馆读者证均可利用。该馆以青少年的审美趣味为基准，从图书馆外观造型、图书资源选取以及馆内设计，甚至到图书馆内部服务等方面着手创新，以赢得青少年的关注与认同。为了进一步增强与青少年的沟通与理解，该馆在图书馆人员的配置上也聘用与图书馆利用者年龄相仿的 18~23 岁的年轻人作为馆员。汉堡青少年图书馆馆内布置新颖，时尚桌椅、金属质感书架、效果灯光、多功能舞台等，现代感十足。该馆馆藏资料丰富，约有 14000 种，但没有与学校书本、考试有关的资料。馆藏资料其中一半左右为有声读物、CD、DVD，还有各种各样的系统游戏（PC、Xbox360、PS2，PSP、任天堂 DS、Wii）等视频媒体。此外，馆内还购置了种类繁多的时尚趣味报纸杂志，也有漫画、科幻小说、传记、言情小说、青春期读物以及体育运动等青少年感兴趣的读物 [1]。

---

[1] 宫丽颖，祁迪. 德国公共图书馆的青少年儿童阅读推广［J］. 出版参考，2014（19）.

第一节　新加坡阅读推广概况

阅读是一个国家重要的无形资产，是一个国家文化软实力的直接体现。新加坡作为全球竞争力强劲的国家，从上至下对阅读的重视已然深入到生活的方方面面。阅读推广不仅是大众喜闻乐见的休闲活动，更是在政府、图书馆和各种机构的合作下顺利进行的文化传播。在阅读推广的过程中，策划和组织的渠道囊括了众多领域，图书馆、出版社、书店、学校、电台、电视和网络等等，无论是正规的学校教育、休闲的课外读物、传统的纸质书或是现代的电子读物，新加坡的阅读推广活动建立在充分尊重读者的基础之上，既满足了年长读者对于纸质读物的需求，又契合了年轻读者对于电子读物的偏爱。新加坡在宣传推广方面也是别出心裁，尽量满足读者的爱好，从政要专家学者到演艺明星，从不同角度、不同层面推荐不同的读物，使得阅读推广活动普及性强而且吸引力十足。

第二节　新加坡阅读推广机构

一、新加坡国家图书馆管理局

国家图书馆管理局是新加坡重要的文化机构，负责监督、管理全国图书馆，所有图书馆的馆舍、设备、经费、人员、图书资料、服务运行机制等都由国家图书馆管理局统筹安排，承担着为国家保存和传播文化的功能，是新加坡的文化心脏，起着至关重要的统筹与协调作用。

新加坡图书馆体系包括公共图书馆、学校/学术图书馆、政府/专门图书馆三大类型。三种图书馆各司其职，协同配合，共同为新加坡文化的传播添砖加瓦。1949年联合国教科文组织的《公共图书馆宣言》中说道："公共图书馆，作为人们寻求知识的重要渠道，为个人和社会群体进行终身教育、自主决策和文化发展提供了基本条件。本宣言宣告，联合国教科文组织坚信公共图书馆是传播教育、文化和信息的一支有生力量，是促使人们寻找和平和精神幸福的基本资源……各年龄群体的图书馆用户必须能够找到与其需求相关的资料。公共图书馆必须藏有并提供包括各种合适的载体和现代技术以及传统的书刊资料。"[①]

新加坡国家图书馆既是国家馆也是公共馆，作为国家图书馆，其职能主要由1957年的《莱佛士国家图书馆法令》确立，主要体现在三个方面：第一，接受国内出版物的缴送；第二，全国书目中心；第三，全国联合编目中心。作为全国的总书库，其收藏了新加坡国内的出版物和世界各国在新加坡问题研究领域（如新加坡的生活、文化、历史、教育、科研等）的出版物。

新加坡国家图书馆身为世界一流的图书馆，是公认的、世界上管理最优秀的公共图书馆之一。其馆藏特色鲜明，以新加坡和东南亚图书为主，其中在亚洲少儿图书的收藏方面尤其完善。随着时代的发展，为了构建国家数字资源采集库，新加坡国家图书馆开展"新加坡记忆工程"项目，该项目不仅可以网罗所有有关新加坡文化与记忆的资源，又可以提供一个面向公众的平台，在保存国家记忆的基础上支持与深入挖掘记忆有关的科学研究。

---

① http://wenku.com./view135436ce84afeDa1dell.html.

二、新加坡图书馆

为适应不同的阅读人群和阅读习惯，新加坡涌现出了一批适应现实的新型图书馆。例如，在人流集中的购物中心、游乐场开办的临时图书馆，其开放时间较为宽松，一般从每天上午11点至晚上9点，双休日也不例外。图书馆内各种报纸、书刊一应俱全，免费供读者选择。人们在工作结束后，购物休闲之余，顺便到图书馆小憩阅读，十分方便。淡滨尼地区图书馆（Tampines Regional Public Library）就是新型图书馆的典型案例，当地政府为了让公共图书馆服务更加贴合市民的日常生活，将图书馆迁入更贴近大众，人流更密集的体育馆，自搬迁后，原有的淡滨尼地区图书馆到访人数在一年内增加了40万。为了继续发扬优势，新加坡政府将在当地图书馆中继续推出多项教育教学课程，让进馆阅读的人实现知识增值，图书馆还将迁入诊所、社区中心，以增加入馆人数。

新型图书馆的另一个典型代表当属乌节图书馆（Orchard Library）。乌节图书馆位于新加坡商业中心的乌节路上，是国家图书馆管理局专门为18~35岁之间的年轻人打造的公共图书馆，针对年轻人喜爱漫画的这一突出特点，该馆建立漫画馆，开创了收藏漫画的先河，以吸引年轻用户重新回归图书馆。随着社会的不断发展，图书馆的职能也在不断丰富并日趋完善，其不仅仅是一个提供简单借阅服务的图书聚集地，更是年轻的读者聚会、交流、上网和学习的场所。乌节图书馆不断探索新的模式以吸引读者，推动阅读，例如，开展"乌节音乐系列活动"，邀请说唱歌手和摇滚乐队，以别开生面的音乐盛典来吸引众多年轻人参与其中，共享文化盛典。针对年轻人追求闲适和情调的心理，乌节图书馆在馆内设施方面下足了功夫，馆内设置专门的音乐厅和咖啡厅，此举收效明显，每年吸引约140万年轻人到馆阅读。

此外，裕廊地区图书馆（Jurong Regional Library）凭着独树一帜的青少年图书馆空间，获得日本时装协会颁发的2009年日本创意奖，这个奖项主要颁发给那些在改善生活方式与建构新文化方面有着卓越表现的亚洲城市或机构。

裕廊地区图书馆的硬件设施建设十分突出。图书馆特设迷你舞台与宽敞的讨论空间，让青少年图书馆针对议题共同研讨，发明创造无所限制，集思广益畅所欲言，碰撞思想一起进步。图书馆专门设立涂鸦艺术角落，只要提前向管理员递交涂鸦申请，即可在涂鸦角天马行空地发挥想象，留下创意。图书馆内有两台饮食贩卖机以供青少年使用。在软件设施方面，裕廊地区图书馆通过举办辩论会、乐队演奏、街头舞蹈等活动来吸引读者进馆，引发读者的阅读兴趣。此外，图书馆会定期举办读书会，邀请青少年朋友充当分享者，向其他读者讲述阅读心得、学习体会，分享交流不同思想、撰写书评、推荐图书等等。读书会的举办不仅可以培养青少年的责任感，发挥他们的潜能，还能培养他们的表达能力、沟通交流能力、团队合作能力以及领导才能。裕廊地区图书馆吸引读者不断探索创新，推出"毕业生派对"活动，会同理工学院和工艺教育学院等学府合作，向即将毕业的中学生介绍高等学府的工程、数理和艺术类课程，同时也会向青少年推荐相关读物。

三、新加坡国家书籍发展理事会

新加坡国家书籍发展理事会（National Book Development Council of Singapore，NBDCS）是一个非营利性组织，成立于 1969 年 2 月，致力于促进民众阅读，以推动讲故事、阅读、写作和出版为主要目的，理事会通过举办展览、评奖、课程教学、研讨会、讲座等形式，将图书行业与文学界更加紧密地联系在一起，为新加坡文化发展营造良好的氛围。

新加坡文学和出版中心（Centre for Literary Arts and Publishing Singapore，CLAPS）致力于培训出版和文学艺术的专业人才，以提升其专业素质水平为主要目标。该中心在国内外聘请专业的教员，按照国际标准并结合当地情况，为学员提供高质量的培训。为优秀文学作品的产生创造适宜的环境，培育健康的种子。新加坡作家中心（The Singapore Writers Centre，SWC）成立于 2006 年 9 月，隶属于新加坡国家图书及发展理事会，是一个能为作家提供一站式参考咨询服务的网络中心。致力于回答作家有关写作、出版方面的专业问题，并指引他们写作，联系出版相关渠道。如为了解决作家无从投稿，没有渠道等问题，新加坡作家中心网站给作家提供在线资源包，为其打包所需的网络资源。通过此资源作家可以获得新加坡在文学出版写作方面最新的信息和政策。SWC 也会每月给作家发送实时电子新闻邮件，了解最新新闻、即将发生的大事、当地有趣的故事以及地区出版和文化发展状况，这对优秀文学作品的出版有极大的推动作用。

为了鼓励创作，提高公众对文学创作的关注和支持，新加坡国家书籍发展理事会每隔两年举办一次"新加坡文学奖"。要获得该奖项，必须用新加坡 4 种官方用语（英文、中文、马来文、泰米尔文）之一发表作品。获奖者除了获得由新加坡国家书籍发展理事会颁发的特别荣誉证书之外，还将获得 10000 美元的奖金。值得一提的是，该奖项仅颁发给新加坡本土作家，目的是鼓励本土作家的文学创作和作品发表。

第三节　新加坡相关立法

在阅读推广方面，新加坡的法律制度日趋完善。从 20 世纪的《版权法》到 21 世纪的《防止网络假信息和网络操纵法案》，阅读立法不断进步，从维护作者权益的版权法，到维护网络信息安全，新加坡的阅读立法不断成熟与健全。1969 年，新加坡发布《版权法》，1995 年，新加坡通过《国家图书馆管理局法》，成立了国家图书馆管理局，规定其作为国家图书馆，行使国家馆的一切相关职能。1994 年发布《专利法》，1997 年，新加坡提出"思考的学校，学习的民族"口号，1998 年发布《商标法》，2001 年发布《新加坡知识产权办公室法》，2002 年发布《注册工业品外观设计法》，2004 年修改《专利法》。

2019 年 4 月，"防止网络假信息和网络操纵法案"在新加坡国会进行一读审议，正式启动应对网络假信息的立法程序。根据该法案，假信息泛指虚假的事实陈述，包括捏造信息及扭曲事实。只有证实假信息对国家公共利益造成了负面影响，政府才能正式采取行动。对于大部分网络假信息，政府要求作者在相关文章旁发布更正信息；如果假信息造成较大影响，政府可要求作者把整篇文章撤下；如果该信息已被广泛传播，难以一一删除，政府则可能要求作者广泛地刊登更正信息，向公众澄清事实；若在社交媒体发布假信息，政府可要求其刊登更正信息或将该信息屏蔽；如果是机器人写作程序自动创建社交媒体账户，大肆传播假信息，政府也可要求关闭相关虚假账户。但上述各规定并非刑事处罚，只有当个人、组织或网络平台拒绝遵守以上规定时，政府才启动刑事处罚。

该条法律充分表明了新加坡对于网络环境的重视，肃清虚假信息不仅有利于净化网络阅读环境，更有利于民众获取更准确的信息、更专业的知识，这次网络立法，无疑是 21 世纪新加坡对阅读行为的大力推动。

第四节　新加坡图书馆主要阅读推广活动

新加坡的阅读推广活动，深深渗透在民众的日常生活当中，体现在社会生活中的方方面面。有针对刚出生婴儿的"Born to Read，Read to Bond"计划以培养婴儿的听读习惯，增强母婴联结；有针对儿童，尤其是贫困儿童的"儿童启蒙阅读计划"，来帮助更多的儿童更有效率地读书学习；有针对青年人的"书展、国际讲故事节、读书会"来分享交流读书心得；有针对成年人的"终生学习计划"来不断充实完善自身，提高专业技能；有针对全民的"承诺阅读运动"，提倡泛读，扩大母语的影响；更有针对全民的"Read! Singapore"活动，动员全民共同参与阅读，参加讨论，共同思考，增加全民的文化认同感以及文化传承。

一、读吧！新加坡

"读吧！新加坡"活动是一年一度的全民阅读推广活动，是新加坡最主要的阅读推广活动。从 2005 年开始，"Read! Singapore"活动开始举办，通过新加坡人共读几本书来推进阅读，通过不同形式的分享和讨论会来促进交流，活动每年 5 月—8 月进行，为期 10 至 14 周，具体的活动流程可以分为图书甄选、宣传造势、导读讨论三个阶段，每年举办 200 多种活动，几乎每天都有两至三场活动，规模很大。每年活动的参与人数都维持在 3 万左右。

该活动由新加坡国家图书馆管理局主办，新加坡读书会发展协会、玲子传媒、中华总商会企业管理学院、威城购物中心、大众书局、爱的伯乐语文学校、雪妮语文中心、茶渊、实乞纳南民众联络所、金门会馆、福州会馆、新加坡作家协会、新加坡文艺协会、茶渊读书会、实乞纳南民众联络所读书会、武吉巴督读书会、武吉巴督东乐轩读书会、凤山读书会、华文读书会（油地）、华源大众读书会、茂桥读书会、宽频道读书会、鳌头读书会、新智读书会等多家组织协会联办，可见参与之广，影响之大。

20 世纪 90 年代中期，美国、加拿大、英国和澳大利亚等国的多个城市都开展了 "One City，One Book" 的阅读活动，受此活动的启发，NLB 在国内阅读推广活动的基础上，推出了 "Read Singapore" 运动。在图书甄选过程中，注重专家精选与大众推荐相结合。专家组的成员是来自教育部、学校、书局、大学教授、非营利出版机构、语文局、撰稿人、作家等方面的代表。在大众推荐方面，鼓励大众通过互联网、手机短信和免费明信片来推荐一种语言的阅读书目；图书甄选专家小组再从大众推荐作品中精选出 5 篇，公布到网上供大众投票，票高者当选为当年指定的某种语言的阅读书目。

对书籍的选择，要求主体鲜明，必须符合多方面的道德观念，内容能够反映当地人的观点，引导新加坡各阶层人士的广泛参与，并激发民众的思考，创造广泛的讨论空间。主体必须能引起社会各阶层人士参与讨论的兴趣，最终选择的读物不宜太长，否则会增加阅读难度，不利于民众参与；读物要做到购买便捷，否则不利于激发民众的读书热情。

活动的宣传是民众接受的基础，"阅读新加坡"活动调动了一切可能的媒体来宣传造势：报纸、电视台、网站、社交媒介、移动通讯、广告牌等等。尽可能扩大宣传的覆盖面，提高阅读推广活动知晓度，并调动各行各业的名人效应，邀请部长、议员、广播员、歌手等担任阅读大使。

为了使民众尽可能长久地保持对阅读的热情，每一届"阅读新加坡"活动都会举办不同主题。例如，2005 年的主题为"总结来时路，盼望新天地"，该主题十分符合出租车司机日夜兼程奔波劳碌的真实情境，容易引起共鸣。为了唤起更多读者的共鸣，"阅读新加坡"活动利用博客、脸书、推特等等社交平台与读者互动，鼓励读者推荐书目、交换阅读心得、提供反馈意见。此外，在专门的电子书网站上也能阅读并参与讨论。为了使新老读者都参与到活动中来，"阅读新加坡"活动将图书上传至网络，方便读者随时下载阅读。这样"三位一体"的阅读方式，使读者既能"读"书，又能"听"书，还能网上"观"书。值得一提的是，

"阅读新加坡"活动全面关注不同社会群体的阅读需求,提供不同语言的翻译版本,以鼓励跨越社群和文化阅读,并将图书录制成为有声光碟,以满足残障人士、老年人群和读写能力不高人群的需求。

"读吧!新加坡"活动由新加坡国家图书馆管理局主办,而国家图书馆管理局最重要的职能之一就是统筹全国的图书馆,而新加坡的图书馆在该活动中有着极高的参与度,不仅为广大市民共同阅读提供了图书保障,更在引导读者思考、提供阅读帮助方面贡献良多。图书馆作为拥有众多读者的交流平台,在书籍的选择上,鼓励不同领域的读者分享自己阅读体会,并支持读者发表读后反馈,为不同读者交流心得提供平台,是促进读者阅读的重要文化基地。

二、儿童启蒙阅读计划

在 2004 年的世界读书日,新加坡推出"儿童启蒙阅读计划"。作为一项全国性的运动,"启蒙计划"旨在培养和鼓励小孩,尤其是低收入家庭的孩子养成爱读书的习惯。新加坡国家图书馆管理局阅读推广处处长高丽莲曾指出,获选参加阅读计划的学生绝大部分也是教育部经济援助计划援助的学生。"这些孩子,家中所能给予他们的阅读支援较少,家长也没有多余的资源让他们去上增益课程,设立这个计划就是希望能够帮助他们。"活动内容是组织 4~8 岁的儿童,每周一次,在临近中学哥哥或姐姐的带领下,培养阅读习惯,加强英语学习使用能力,全岛目前设有 100 多家"儿童启蒙阅读计划"俱乐部,包括学生、各界人士在内的义工达 5000 人。学生义工在正式投入服务前,会在新加坡国家图书管理局的安排下,接受专人训练,加强朗读、讲故事和活动开展技巧。

新加坡教育部也一直大力支持此项计划,2012 年鼓励更多小学生参与国家图书馆管理局的"儿童启蒙阅读计划",并争取在一年内让参与的学校增加近一倍,达 86 所。"儿童启蒙阅读计划"意义深远,不仅能和谐亲子关系,让一个个小家庭更加和睦,培养孩童对阅读的兴趣,更能促进两代人共同成长,从根本上健全孩童的人格。随着计划的扩展,所需的义工人数也会增加,配合"德育在于行动"计划(Values in Action),国家图书馆管理局将鼓励社会各界人士参与到"儿童启蒙阅读计划"中来。

作为全国性读书运动的"儿童启蒙阅读计划"，重点目标读者是低收入家庭的孩子。"儿童启蒙阅读计划"俱乐部仿照图书馆的范式，为儿童提供适应其年龄段的各类图书，极大地增强了图书馆的阅读辐射范围，为更多儿童阅读提供了可能。

三、书展、国际讲故事节、读书会

"新加坡书展"始于1969年，每年如期举行，为了带给读者尽可能丰富的感官体验，书展举办过程中包含各种活动，例如讲座、舞台剧、电影改编、角色扮演等等活动。

新加坡国际讲故事节（Singapore International Story Telling Festival，SISTF）也是一年一度的活动，这是一个故事汇聚的盛会。2012年唯一一次来自世界各地的杰出故事讲述人齐聚新加坡来讲故事——带给大家来自不同文化背景的，不一样的生活中的故事。SISTF的目标是警示、娱乐和启迪人们。SISF选择新加坡和国际上最好的说书人分享有关管理、个人发展、教育、社会改革、环境问题等方面。

新加坡读书会在每隔一个月的第三个星期五举行会议，会议上大家分享他们的推荐书目，这些书目重点具有较强新加坡风味。这种读书会能促使大家形成共同的文学兴趣，方便大家交流讨论，通过讨论使文学艺术更加富有感染力。读书会使得阅读不再是孤独的体验，而是在大家的陪伴下变得更有乐趣。

无论是书展、故事节或是读书会，都离不开图书馆的新书推荐，是图书馆宣传图书的先导兵。图书馆在新书的甄选方面，具有很强的发言权，由于其自身的学术及其公益属性，决定了其既可以选择含金量高的图书，又没有出版社的盈利属性，所以在新书、好书的推荐介绍方面具有很强的针对性和普适性，是阅读推广的重要参与者和有益倡导者。

四、图书漂流计划

"图书漂流计划"是指读者在读书后，将自己的图书随意放在公共场合，拾获该书的人继续阅读，并且可以在纸条上写下自己的读书感悟，在读完后继续漂流该书，以这种生动有趣的形式流通图书，交流思想，传播文化。读书漂流活动最初来源于英国艾玛的"地铁丢书行动"，由于艾玛的名人效应，收效良好，带动了公众的找书、读书热潮，随后，读书漂流活动发展成为一种国际现象。

读书漂流活动实现了书香的传承，这种便捷自由的方式十分适合大众阅读，不需要借书证，不需付押金，也没有借阅期限，"读书漂流"就像一个移动的图书馆。这种好书共享方式，让"知识因传播而美丽"。如今，图书漂流的方式已不局限于投放户外，比如图书的地铁漂流、图书的商场漂流等等。书友在投放图书的同时，也可以加入自己的规则，读书之后可以在书中夹入自己的读后感，使得图书的漂流温暖而新奇，让找书的读者充满期待。

五、天生读书种，读书天伦乐

世界很多国家把阅读作为重要的国家战略，用尽各种办法推动全民阅读。亚洲四小龙中最具危机意识的新加坡，提出来"Thinking Schools，Learning Nation"（思考型学校，学习型国家）的口号。从 2001 年 11 月开始，新加坡婴儿出生时，医院的护士叮嘱产妇的事项中，竟然有"如何读书给婴儿听"一项。政府鼓励婴儿与母亲通过共同阅读简单的童话故事、唱舒缓的儿歌来增强情感上的联系。这就是新加坡政府提出"天生读书种，读书天伦乐"。

"天生读书种，读书天伦乐"活动，可以说是儿童图书馆的变形，把从小培养儿童的阅读意识提前到了孩子出生时，通过对母亲阅读意识的培养，侧面影响孩子的读书意识，真正做到身教胜于言传。可以说"天生读书种，读书天伦乐"是儿童图书馆的预备役，为孩子从出生就接受阅读熏陶打下了良好基础。

六、承诺阅读运动

新加坡阅读运动是新加坡图管局于 2016 年开始推行的五年计划，协同不同组织聚集在一起学习，通过多个管道带动各阶层的阅读风气，鼓励更多人广泛地阅读。例如，图管局将与名为"Bosses Network"的一群中小企业主合作，用中文推出"商业头脑"系列学习，分享从商经验丰富者的专业知识及其阅读的书籍，点燃读者阅读的兴趣，进而发展成热爱。

新加坡图管局也会继续推广母语阅读。该局目前在新加坡设有五个华文读书会。图管局将把计划扩大至更多图书馆并与媒体展开更多合作。图管局也将扩大社区阅读计划，到了 2020 年，设立在乐龄活动中心的借阅角落将增加至 30 个。为了鼓励更多人阅读电子书，图管局也会在各大平台上提供更广泛的电子内容，包括图管局手机应用等。

读书会与图书馆的紧密结合，不仅可以鼓励更多读者参与到读书活动中来，而且小群体读者群的组合，可以提高阅读的针对性，激发读者的思考与灵感，是阅读推广活动的重要生力军。

七、终身学习计划

2018 年新加坡提出"终身学习计划"构想，随着社会的发展，高校毕业生在毕业后几年会感到力不从心，所学的知识需要更新，此时就可以回到大学重新学习，不断提高民众专业技能的作用，"终身学习计划"就是鼓励民众在高等学府进行终生学习。教育部长王乙康，在国会辩论教育部开支预算时接连宣布了几项推动"终身学习"项目进程的决定和设想。计划三年内增加对高等学府终身学习项目的拨款力度，预计在当前已投入的约 2.1 亿元的基础上增加 1 亿元。所增加的投入将会用在高等学府的"终身学习项目"上，比如技能创前程系列课程。

为了配合"终身学习计划"的进程，新加坡高校也不遗余力。例如，新加坡国立大学宣布将推出新计划，未来将把学生的学额有效期从当前的 3~4 年延长至 20 年。借此鼓励毕业生取得文凭之后继续回校学习新的内容。2017 年，新加坡国立大学面向已经毕业的校友推出为期三年的终身学习计划，校友们可以回校进修单元课程，和在籍学生一起上课。该项计划推出以来反响热烈，并受到一致好评，校友课程一度爆满。对此，国大决定趁热打铁，进一步推进"国大终身学习计划"的进程。

在新计划下，国大学生的学额有效期将被延伸至 20 年，这在一定程度上大大解决了学生们担心知识更迭太快，难以跟上时代步伐的顾虑。国大校友可以一边打拼事业，一边学习新的知识。教育部长王乙康认为，新举措会让"校友"的概念重新被定义，而且这种思维上的转变也会给其他高等学府以启发。鉴于当前

"终身学习计划"形势一片大好，各种短期单元课程像雨后春笋般应运而生，推出"微证书"有利于鼓励更多的人加入其中，有目标地进行学习。目前，只有少数几门特定的课程修完之后，大学才会颁发"微证书"，接下来，学校将会进一步讨论，并推动更多课程推出"微证书"。

在"终生学习"计划中，图书馆为广大读者提供了重要的书籍来源，保持了最新的专业知识技能，并且倡导自由的思想交流，创意的火花碰撞，是广大读者培养自己专业技能，实时更新知识储备，不断完善自我能力的重要场所。

第七讲 日本阅读推广

第一节 日本阅读推广概况

日本历来重视民众的阅读、教育，并且发展迅速，早在公元701年就颁布《大宝律令》，开始对贵族及武士阶级进行教育熏陶，江户时代一般平民也可接受教育。战国时代，教育开始普及到女性，二战后开始实行九年制义务教育，20世纪70年代，高中教育得到普及，20世纪末，大学教育也已普及，21世纪以来，日本致力于普及研究生教育，并把"国民终身教育"提上日程，大力发展公民馆、图书馆、博物馆等公共教育文化体系。

为了鼓励国民阅读，日本政府推出了《国民读书年行动计划》，提出七大课题计划：在学校、家庭、职场中力争提高国民阅读总量。面对社会群众，通过在企业、单位以及各地区举办研讨会、讲座等活动，提高其语言能力；针对学校教育，促进落实读书推进等活动，并举行"语言能力鉴定"考试，以鼓励其阅读行为并检验阅读成效。通过充实人才、图书资料、设施等具体对策，来推动图书馆的改革。

第二节 日本阅读推广机构

一、日本政府

日本文部是日本中央政府行政机关之一，负责统筹日本国内教育、科学技术、学术、文化及体育等事务，是日本阅读推广的重要生力军。日本政府认为，读书对儿童学习语言、培养审美、提高表现力、丰富创造力和拓展人生感受而言必不可缺，并力求建立所有儿童可以随时随地自主读书的社会。为此，政府颁布了推进儿童读书活动基本计划，每五年修订一次，真正以国家战略的高度抓阅读。此外，日本文部已经启动了一个新项目——学校图书馆资源共享网络项目，该项目旨在通过图书馆数据库和网络促进学校图书馆藏和优秀教学实践的共享，并为学校教师和图书馆员制订培训计划。

二、日本图书馆

图书馆是日本推行阅读推广的重要机构之一，日本《图书馆法》《学校图书馆法》明确规定了各级政府和学校设立图书馆的责任、经费来源和人员配置。日本国立国会图书馆整合建立图书数据系统，包括学校图书馆在内的全国所有图书馆均可免费使用。日本绝大多数的图书馆都设有儿童阅读室，日本还要求市民活动中心、儿童馆等公共场所尽可能设置儿童图书角，甚至医院也要让婴儿接触图画书。此外，为了方便残障儿童读书，日本许多图书馆还提供盲文读物、有声读物，甚至提供读书器和放大镜。

日本的图书馆都特别重视营造亲子阅读氛围，也会经常通过讲故事、话剧表演、主题交流等形式来开展亲子阅读活动。各个图书馆的活动形式也随着时代的发展而不断与时俱进。针对年龄稍小的幼儿，图书馆提供图画书、绘本书的外借，家长可以在家中为孩子阅读，值得一提的是，每隔几个月，图书馆会定期向家长汇报孩子借阅书目清单，并有针对性地向不同年龄段的孩子推荐书目。针对年龄稍大，有独立阅读能力的儿童，图书馆推出各种数字化展览。例如，日本国际儿童图书馆推出主题为"日本儿童文学：国际儿童文学图书馆藏书史"的数字展览。国际儿童文学图书馆过去举办过一场同名展览，这次是将上次展览的内容进行数字化重新组织，方便人们浏览访司。这个数字展览展示了日本明治时期（1868—1912 年）以来每个时期的儿童读物，内容十分丰富。这些儿童文学也反映了当时出版情景，包括社会状况、价值观念、儿童在社会中的地位等。针对成年人，日本推出"奢侈阅读空间"的私人图书馆，例如东京世田谷区的"水鸭"小图书馆，是一座远离市区喧嚣的私人图书馆，该图书馆是一栋欧式洋楼，环境幽雅，图书精致，吸引了日本众多读者前来阅读。

三、日本民间组织

日本民间公益性质的团体随处可见，这源于他们的社会责任感，任何人都有机会为社会贡献自己的力量，无论职业、年龄，为了配合政府颁布的《关于国民读书年的决议》，日本民众自发组成阅读推进组织，敦促全民阅读。民间组织为此推出了更为详尽的《国民读书年行动计划》，来响应政府的读书行动，增加公众的读书量。民间组织囊括了众多行业，可谓人才济济，他们利用自身的优势，组织当地居民开展丰富多彩的阅读活动。

比较有代表性的公益组织如"读书推进运动协议会"，该协议会正式成立于 1959 年，最早源于 1947 年出版界组织的一场读书运动。彼时，日本处于战后恢复期，出版界就意识到了阅读对于一个国家的重要意义，以"把新生日本变成文化国家""用读书的力量创造和平的文化之国"为宗旨，联手图书馆、书店、媒体以及文化关联团体，共同组织了一场读书运动，定名为"读书周实行委员会"，规定每年秋天的两周为读书周，第一次读书活动周是从 11 月 17 日开始的两周，从第二年起改为 10 月 27 日至 11 月 9 日的两周，这一活动得到了全国的热烈响应，一直延续至今。1959 年 11 月开始，试运行的"读书周实行委员会"正式更名为"读书推进运动协议会"。他们不仅在大人中推广读书，还面向下一代成立了"儿童读书推进会议"，定期举办"儿童读书周"，即每年的 5 月 1 日至 14 日的两周，在全国范围内广泛推荐书籍。2000 年是"儿童读书年"，从这年开始把儿童读书周延长为三周，即 4 月 23 日至 5 月 12 日。现在日本的 41 个都道府县都有"读书推进运动协议会"。

四、日本书店

日本书店众多，体系健全，供货灵活，即时性很强。仅在东京一地就有 7000 多家。出版社对于所辖地区的书店具有辐射作用，该区域有几家书店，每家书店的特色、读者层的分布、对图书的偏好等等，出版社都一清二楚，不仅可以为书店"量身定制"，还可有针对性地推荐各色图书。对于书店而言，不需要承担很大风险，每种书都可以少进一些，既能保持图书的即时供应，又不至于库存过多，保证图书的流动性。

例如，像劳森全家那样的日夜店里，都摆放着很多的新书和杂志，日本很多青年人都喜欢在那样的店里买书。东京把阅读进行到底的中心地带，也有闹中取静、高雅的阅读空间，例如在皇宫附近有一座叫"ONE FOUR TWO"的大厦里设有"咖啡读书空间"，人们可以一边品尝咖啡或者香槟，一边翻阅装帧精美的书籍，也是极有生活格调。

第三节　日本相关立法

早在 1953 年，根据 1947 年颁布的《教育基本法》，日本制定并实施了《理科教育振兴法》（1954 年 4 月 1 日起正式实施）。该法开宗明义地规定："理科教育作为构建文化型国家的基础，具有重要的教育使命。根据《教育基本法》（平成十八年法律第 120 号）及《学校教育法》（昭和二十二年法律第 26 号）的精神，制定《理科教育振兴法》，其目的是：在传授知识、培养技能的同时，通过理科教育培养具有创造能力、能够合理安排日常生活并能为国家的发展做出贡献的有为国民，谋求理科教育的振兴。"值得注意的是，日本的《理科教育振兴法》附录里还规定了小学、中学和大学理科教育观察和实验使用的全部仪器设备的清单目录。从 1954 年开始实施的《学校图书馆法》在 1997 年又进行了一次修改。在《学校图书馆法》的推动下，自 2002 年以来，日本各地的地方社区每个财政年度都会用 130 亿日元的补贴作为学校图书馆的维修费用。

1995 年 11 月 15 日，日本国会还通过了《科学与技术基本法》，该法律第 5章第 19 条"促进科学与技术的学习"中规定："国家应实施必要的政策措施，促进学校教育和社会教育中科学与技术的学习，以科学与技术启蒙人民，传播科学与技术知识，以便让包括年轻一代在内的所有日本人民能够有一切机会深入理解科学和技术，提高对科学与技术的兴趣。"截至 2016 年，日本政府根据《科学与技术基本法》，制定和实施了 4 个为期五年的"科学与技术基本规划"，大力普及科学与技术教育，提高全体国民的科学与技术素养。

日本历来是一个以法治教的国家，早在 1999 年 8 月，日本参众两院就通过决议把 2000 年定为"学生读书年"，并通过了《有关儿童读书年的决议》。2001 年 11 月，日本制定了《关于推进中小学生读书活动的法律》，规定了读书活动的理念，明确了国家、地区和公共团体在读书活动中的责任，为此，日本文部科学省制定了"日本中小学生读书活动计划"，全方位指导读书活动的开展。同年，日本文部科学省出台并实施了《儿童阅读推进法》，规定各级政府有责任和义务为儿童自主读书活动创造环境。

2002 年，日本内阁制定了《推动儿童读书活动基本计划》，具体规定了儿童读书活动的基本方针、推进体制建设、设施建设、政府财政投入等内容，使推进国民阅读活动的措施更加具体可行。

2005 年，日本国会又通过《文字·印刷文化振兴法》，明确规定国家与地方自治体要增建公立图书馆，充实学校图书馆藏，设定读书周，构筑全民读书氛围。该法在明确国家和地方公共团体职责的同时，通过规定相关的必要事项来推进阅读活动、出版活动等。同时确立日本读书周首日（10 月 27 日）为日本全国《文字·印刷文化日》，提倡书籍出版，支持出版社的权利和图书馆的建立等。它秉承的理念是：营造所有民众在任何条件、任何场所，均能平等享受阅读的权利。

2007 年 2 月，日本文部科学省制定了《新学校图书馆配备五年计划》，并专门拨款 1000 亿日元（约合 51.6 亿元人民币）资金支持计划实施。为重塑"读书大国"形象，日本国会参众两院于 2008 年 6 月 6 日一致通过《关于国民读书年的决议》，政府将 2010 年定为"国民读书年"，并组建由建筑大师安藤忠雄领衔的国民读书年推进会，筹划了丰富的活动。

第四节　日本主要阅读推广活动

针对儿童，日本推出"儿童读书推进计划"。该计划规定了 0~18 岁不同年龄阶段要达到的阅读理解水平。比如，对幼儿园小朋友的要求是：理解生活常用语言，亲近图画书和故事，能和教师和小伙伴沟通。对小学一二年级学生的要求是：

理解文章所述的顺序和场面，培养读书的兴趣。日本学校图书馆还设有专职的"司书教谕"，也就是"图书管理指导员"。"司书教谕"要根据《教学大纲》对各年级学生的语言理解要求，制定推荐书目，组织读书活动。

针对中小学生，1988 年，千叶县两名高中教师发起了"晨读"活动，提倡在每天上课前花 10 分钟为兴趣而读书，全校师生一起阅读课外书籍。目前，已有近 3 万所中小学开展了这项活动。每年，来自全国各地的老师还会聚在一起，交流经验。"儿童读书推进计划"还鼓励家长和孩子一起进行亲子阅读，一方面可以增进家庭成员间的沟通，另一方面可以创造良好的全民读书氛围。

针对残障儿童，日本许多图书馆还提供盲文读物、有声读物，甚至提供读书器和放大镜。对推动儿童读书表现突出的学校、个人、社会团体和出版机构，文部科学省每年都会进行表彰。

针对青少年，日本各地采取多种手段吸引市民亲近文字、亲近阅读。其中，东京 23 区开展了"没有书的图书馆——出租车"活动，利用人们乘坐出租车的时间，在车内播放由著名解说员、配音演员等朗读的有声书籍。乘客可在平均 18 分钟的乘车时间里，欣赏到小说、经济类书籍等共计 30 种作品。滋贺县长滨市幼儿园与中小学等义务教育机构共同开展"配餐讲故事"活动，同市内图书馆合作，借来与食品有关的绘本、图书，孩子们一边享用幼儿园、学校的配餐，一边听老师讲关于食品的故事。

针对成年人，日本将 2010 年设立为"国家阅读年"。设立国家阅读年旨在通过开展各种活动，推动良好的社会阅读风气。文字文化振兴机构、日本各地的许多图书馆等国家阅读年活动的组织者，都开展了各种和阅读相关的活动，比如座谈会、演讲会、儿童读书营等。2010 年，日本国立国会图书馆（National Diet Library, NDL）为了普及国家阅读年的理念，并使人们深化对阅读及图书馆的理解，在东京总馆、关西馆和儿童文学国际图书馆举办了各种活动和展览。日本国立国会图书馆不仅举行讲座、讨论会，还有单口相声（传统相声讲故事）、读者剧场和为孩子们准备的读书活动，为公众提供感受阅读乐趣的机会。这些活动都由专业人士参加，参与者通过倾听专家的声音来享受阅读的乐趣。例如，2010 年 6 月，在东京总馆、关西馆开展了"麦克白"专题讲座和阅读会，由日本的 EN 剧团为人们朗读戏剧《麦克白》，上智大学人文学院的小林昭夫教授做了关于这部作品的讲座，日本国立国会图书馆为读者展示了其馆藏的莎士比亚作品。

第八讲 韩国阅读推广

第一节　韩国阅读推广概况

　　一个人的精神成长史就是他的阅读史。青年人是国家的希望。阅读对于青少年的成长至关重要。阅读不仅能为其提供在社会生存所必需的专业技能，还能为其形成正确的三观，帮助其正确认识自己，认识世界。对各类图书的阅读不仅影响着青少年的学习生活，也深刻地影响着他们的文化素养、精神世界以及未来的成长轨迹。中年人是社会的脊梁，他们阅读能力的提高，对自身修养的不断完善，不仅可以给社会创造更多的价值，更能给孩子们树立榜样的力量。老年人是国家的财富，大量的阅读再加上生活阅历的积淀，足以让老年人充实而安详。

　　21世纪初起韩国政府积极推进阅读推广的法制化进程。2006年世界图书及信息协会（WLTC）代表大会在韩国首尔的召开促使韩国政府更加注重图书馆体系的完善以及国民阅读的推广。在各方的协同努力之下，韩国文化体育观光部和各地方政府、图书馆、学校等每年在全国举行6700多场活动，鼓励民众读书，表彰在阅读推广方面做出巨大贡献的专家学者，全力打造读书文化，营造阅读氛围。

第二节　韩国阅读推广机构

一、韩国图书馆

图书馆是韩国民众的阅读首选，为了更好地引导民众阅读，韩国图书馆界不断创新。例如，韩国各地 70 多个图书馆都设置了驻馆作家。驻馆作家的职能类似于馆员做参考咨询，各位作家在半年时间内，将举行一系列读书项目，每月至少 20 课时，主要包括文学作品介绍、名著朗读解析、读书协会指导和写作技巧介绍等。此外，韩国国立中央图书馆还为特殊学校的残障儿童举行读后感比赛。暑假期间，韩国各地区的儿童活动中心都迎来了老爷爷和老奶奶，被戏称为"银发读书服务团"，该团成员们为小朋友们读书念报，此举不仅为老年人发挥余热提供了可能，更促进了小朋友的阅读积极性。

为了激发民众的阅读热情，让人们摆脱工作的压力，走进图书馆享受知识的乐趣，在韩国的釜山、首尔、仁川、大邱与京畿道一带，兴起了一种林中图书馆。林中图书馆是设在树林与山谷中的一个个迷你图书馆，大小和电话亭差不多，馆内有图书 300 多本，整齐地摆放在书架上。环境幽雅，取阅方便，在林中图书馆，读者无须任何繁复的借阅手续，读完自然放回原位即可。林中图书馆不仅能使每位读者身临其境地享受到读书的乐趣，更能体会到大自然的无穷魅力，实现了知识与自然的完美结合。

为了方便少年儿童借书，首尔市西大门区设置了 15 辆流动图书馆车，定期到各居民小区送书上门。首尔市其他图书馆也是千方百计吸引孩子进入图书馆，例如，首尔图书馆为小朋友提供特制的小型书架和座椅，自助还书机也被设计成机器人的形状。对一般市民来说，图书借阅也非常便捷，每次可借出两本书，读者仅用身份证就办理好了借书卡，并不需要押金和工本费。

二、韩国政府

韩国政府希望读书能成为国民生活的一部分。为此，政府部门对基层读书协会的活动给予大力支持，并重点支持社会弱势群体的读书活动。1994 年，韩国政府通过了《图书馆与读书振兴法》，以法律条文的形式规定了国家需指定"读书月"。次年9月，第一个"读书月"活动在韩国全境推出。经过多年发展，"读书月"已经成为提升韩国国民阅读水平与人文素养的重要活动。30天时间里，韩国文化体育观光部携手地方政府、图书馆、学校等机构，预计将在韩国境内推出6500余场形式多样的读书活动，希望借此提升国民的阅读兴趣，尤其是底层民众的阅读认知。

为了迎接"读书月"，韩国政府动员社会各界联合推出"大韩民国读书大典"活动，该活动集政府、公共机构、出版界、教育界、学界、图书振兴团体、作家、艺术家等力量于一体，社会各界共同努力，一起打造全民阅读的盛事。"读书大典"活动不仅纳入韩国第20届图书文化奖颁奖仪式，期间还创办韩国全国读书城市协议会、认证优秀图书经营机构、举办诗朗诵与古典音乐合体的"图书梦想音乐会"、开展短篇小说戏剧公演等系列活动。值得一提的是，"书，为你打开世界，空间论坛""图书文化振兴讨论会""全国读书俱乐部集会""图书馆与体裁文学专题研讨会"等探讨韩国有关图书的相关政策、国民阅读现状与未来的学术活动也将陆续举办。与此同时，"韩国小说1575展""亚洲百大故事展""书，记录与相遇"等由韩国100余家出版社共同参与的各类展览和体验活动也将进一步拉近民众与图书的距离。

第三节　韩国相关立法

1963年，韩国制定最初的《图书馆法》，此后相继修订或制定了1987年的《图书馆法》、1991年的《图书馆振兴法》、1994年的《图书馆及读书振兴法》。2006年韩国政府修订了《图书馆与阅读振兴法》，将《图书馆与阅读振兴法》改为《图书馆法》，将《阅读振兴法》从《图书馆与阅读振兴法》中分离开来，制定了《阅读文化振兴法》；确定文化体育观光部为国民阅读推广官方机构，并成立读书振兴委员会，每五年制定一份读书文化振兴基本计划，中央政府有关部委和地方政府应据此制定年度实施方案。同时规定，地方政府应当向当地居民提供必需的阅读设施并每年至少举办一次阅读活动；教育行政部门应当制定并组织实施有关在中小学推动阅读教育的计划；中央和地方政府应采取必要措施，促进工作场所的阅读活动；实施阅读月制度，以唤起国民的阅读热情。

韩国现行的图书馆法有以全国各类型图书馆为对象的综合性图书馆法，也有以单一馆种或特定图书馆为对象的单一图书馆法，如《学校图书馆振兴法》[①]《国会图书馆法》[②]。从图书馆基本法的角度看，《图书馆法》是韩国图书馆界唯一的一部专门法。《图书馆法》规定了图书馆的设立、运营、管理、管辖以及司书的资格、培训、设置等有关内容，是发展图书馆为社会和国家服务的法律工具。韩国《图书馆法》第一条规定："保障国民信息获取权和知情权的图书馆社会责任及其作用、运行必要的内容，强化图书馆培育和图书馆服务，向社会提供全民的有效信息，消除获取信息及利用等方面的差距，促进终生教育，其目的在于为国家及社会文化发展做出贡献"。[③]不仅阐明了图书馆的目的，而且阐述了《图书馆法》存在的意义。

韩国政府于 2007 年颁布了《读书文化振兴法》，并成立了读书振兴委员会，每五年制定一份读书文化振兴基本计划。第一个五年计划实施首年，韩国便向阅读推广基础设施、阅读教育、出版产业振兴、各类阅读推广活动以及弱势群体阅读保障等项目投资 116 亿韩元。为切实推进国民阅读，韩国将每年 9 月定为全国阅读月，并在 9 月颁发读书文化奖，向对推进国民阅读做出突出贡献的个人颁发总统勋章。与此同时，韩国还积极举办各类读书读后感征文等活动，以此来提升国民的阅读水平，让读书成为国民生活的一部分。

第四节　韩国主要阅读推广活动

针对儿童，除了图书馆的大力推广，最具代表性的活动是韩国南道昌原市每

---

① 法制处综合法令信息中心.学校图书馆振兴法［2008–03–08］.http：//www.klaw.go.kr.

② 法制处综合法令信息中心.国会图书馆法：部分修正 2006 年 1 月 4 日.法律第 8050 号.［2007–10–10］.http：//www.klaw.go.kr.

③ 法制处综合法令信息中心.图书馆法：2006 年 10 月 4 日，全部修正，法律第 8069 号：第一条目的.［2007–10–10］.http：//www.klaw.go.kr.

隔两年举行的"昌原世界儿童文学庆典"。该活动是韩国最早以"儿童文学"为题材举行的综合庆典。例如，2013年的主题是"童心，和想象见面"，不仅十分贴合儿童单纯美好的天性，而且注重对儿童想象力的挖掘。由昌原市举办、昌原世界儿童文学庆典组织委员会和庆南儿童文学会主办的第三届"世界儿童文学大会"更是规模盛大，韩国、美国、中国、日本、瑞典等16个国家的1300多名儿童文学相关从业者来到昌原发表研究成果，进行文化交流。

针对成年人，以"人文学"为主线的读书活动也于9月在韩国各地展开。"人文读书学院"活动是针对地方居民的读书推广活动，首先通过公募甄选出60个韩国各地公共图书馆、文化院等相关机构成为"人文读书学院"，将地方文化特色与文学、哲学、历史等人文经典阅读相结合，推出系列讲座，让居民感受阅读的魅力。"读书月"期间，60个"学院"将集中组织活动，成为推动阅读热潮的重要阵地。

此外，政府在居民区还设立不同形式的小型图书馆供大家使用，可以说真正实现了就近阅读的便利。韩国图书馆一般上午8点至晚上9点对外开放，人们仅需凭借身份证办理借书证就可以借阅图书，十分便捷。韩国各大高校的图书馆也是对外开放的，只要拿着身份证就可以免费进去阅览。为了满足忙碌的上班族的读书需求，在韩国的地铁站内还设有无人图书馆，方便人们利用"碎片"时间阅读，培养韩国人在搭乘公共交通时阅读的习惯。此外，在韩国各种类别的书店也是数不胜数，既有分门别类的主题书店，也有教保文库等大型连锁书店。韩国的大型书店里还设有咖啡厅、饰品店，看书之余可以在旁边的咖啡店里喝杯咖啡，在浓厚的文化氛围中享受悠闲时光。

针对特殊群体，韩国文化体育观光部组织名为"读书文化公益团"的活动，派老年志愿者前往各地的儿童中心，为那里的孩子读童话故事；针对残疾人群体，推出残疾人写作作品展览等活动；针对现役士兵推出的读书活动也将在军营图书馆中进行，改善军营文化。

针对全体国民，韩国文化体育旅游部（MCST）将2012年定为国家阅读年，并在全国各地开展了丰富的阅读活动，旨在鼓励经常性的阅读。为了呼吁公众养成良好的阅读习惯，韩国确定了2012年国家阅读年的口号：每天20分钟，每年

12 本书，并将 2012 年 9 月确定为全国阅读月。韩国 2012 年国家阅读年开展的主要活动包括：（1）书籍梦音乐会，该活动是在国家阅读年确定的全年性的读书活动，书籍梦音乐会由主办者与韩国铁道公社合作共同开展。（2）读书辅导项目，该活动为那些对游戏和上网成瘾的青少年提供情感支持。（3）图书列车项目，该活动面向很少有机会获得阅读资源的老人、残疾人和青少年，为这些读者提供传递图书服务。

第九讲
澳大利亚阅读推广

第一节　澳大利亚阅读推广概况

澳大利亚的图书及出版业在第二次世界大战前较为落后，对于图书的需求，很大程度上依赖进口。20世纪50年代，随着人口增长和经济发展，国内教育与文化不断发展，政府开始积极开展官方出版机构，并对私人出版公司采取优惠政策，以鼓励出版，满足民众的阅读需求，到了20世纪80年代，澳大利亚的出版业已初具规模。

澳大利亚组织众多协会以鼓励并敦促民众出版及其阅读，如澳大利亚艺术理事会、澳大利亚出版商协会、澳大利亚书商协会、澳大利亚作家协会、澳大利亚印刷业协会、澳大利亚图书馆与信息协会、澳大利亚儿童图书理事会、澳大利亚文学代理商协会、澳大利亚版权代理公司。此外，澳大利亚设置了一系列奖项以鼓励公司、协会、民众的出版，以推广阅读。如澳大利亚书业奖、澳大利亚教育出版奖、图书设计奖、乔治·罗伯逊出版业服务奖、沃克利最佳非文学类图书奖等等。

第二节　澳大利亚阅读推广机构

一、澳大利亚书店

每年的 8 月 11 日，是澳大利亚的国家书店日。在互联网普及的大环境下，澳大利亚的实体书店开始寻求不一样的发展路径，各种特色书店不断涌现，比如可以提供多种语言图书的儿童书店、24 小时营业的无人看守书店。其中典型的代表是悉尼的 "Lost in Books" 书店，该书店特色鲜明，书架设计奇特，店内布置钢琴、毛绒玩具、气球等等装饰，舒适而惬意，与钢筋混凝土的街道形成了鲜明的对比，吸引了大量的读者进店阅读。该店是一家特色鲜明的儿童书店，其最大特色即为语言的多样性，除了英文书籍，还提供包括原住居民语言、中文、法语、越南语、韩语、俄语、阿拉伯语、印度语、索马里语等等，贴合澳大利亚的多元文化背景。

例如，在布里斯班市中心，一家 24 小时营业的书店 Logical Unsanity 已经相当出名了。与普通的书店不同，它是一个由铁皮搭建的书棚，内部装饰也很简陋。一些书架就是泡沫塑料材质的废弃蔬菜盒，另外一些则是收购后来的二手书架。但其内部干净整洁，图书都被仔细归类，尤其值得一提的是，这家店无人看守，读者选中喜欢的读本，即可按照价签将钱放在一个专门的盒子里，正是由于这种独特的经营方式，使得这家书店拥有非常高的人气。

设置书店不仅有助于增强社区居民的团结意识，还可以为当地作家提供支持。书籍并不是人们每周购物单上的必备物品，但书店是可以买书的地方，它们还有更重要的意义，比如以一种独特的方式支持着人们所喜爱的澳洲作家，包括那些籍籍无名的文学创作者们。

二、澳大利亚图书馆

澳大利亚作为重视阅读的国家，图书馆界一直致力于全国人民的阅读推广。针对儿童，图书馆致力于提高儿童早期的识字能力，通过阅读来培养孩子认识字母和听音辨词的能力，为孩子日后学习打下基础。如今，阅读推广内容已从书籍等传统出版物扩展到更宽广的范围，在线数字资源可以随时随地为用户提供阅读服务，是澳大利亚儿童阅读推广的重要内容。布里斯班市图书馆为家长和儿童提供了一系列的在线资源，其在线数字资源包括了儿童识字、阅读以及学校学习资源等多个方面，极大地方便了儿童及家长获取阅读资源。

针对青少年，推书馆推出"短期阅读计划"，即在每年的假期时间开展，此时学校没有课程安排，学生处于休假状态，青少年有足够的时间参与到图书馆的活动中，且活动丰富、形式多样，将阅读和图书馆活动结合起来，在一定时间内让青少年充分体会到阅读的乐趣，同时使孩子在享受学校休假快乐的同时保持着学习的热情，对于提高青少年阅读技能有着十分显著的效果。

此外，澳大利亚图书馆还推出"短期主题"活动，即图书馆会不定时在较短时间内举办的有一定主题的短期阅读推广项目。由于短期主题活动举办时间较短，因此图书馆举办次数比较频繁，且形式多样，会将阅读和其他类型的活动结合在一起，比如游戏、音乐、艺术等。一般图书馆还会邀请澳大利亚本土名人来参与短期主题活动周的推广，发挥名人效应，以吸引孩子们参加。短期主题活动周的活动一般都富有创意，能够在较短的时间内达到阅读推广的效果。

第三节　澳大利亚相关立法

澳大利亚对于阅读的立法，最早可以追溯到 1991 年修订的澳大利亚《1968年版权法案》，该法律条文规定："如果澳作者创作的书籍在澳出版，任何澳以外的出版商不得在澳境内销售该书的海外版"；"澳出版商享有 30 天的权利，可以在澳出版任何一部海外发行的书籍。只有他们放弃此权利，书商方可自由引进该书籍的海外版"；"常销书在本国图书发行商的库存中缺货不得超过连续的 90 日。"该法案在当时保护了澳洲书商的合法权益，客观上促进了本土图书的发展。

1968 年，澳大利亚颁布版权法。此前，由于在澳大利亚成立出版社实行的是注册制，不是审批制，个人只要到管理部门注册就可以成立出版社，所以澳大利亚政府通过法律手段来管制出版业，出版业必须遵守澳大利亚的出版法，但其出版法不是一部独立的法，而是许多法规的集合体，主要体现在 23 部法律当中。1969 年，澳大利亚加入《世界版权公约》，采用国际标准书号 ISBN，从制度上保障了公众阅读的规范性。《世界版权公约》（University Copyright Convention）是在联合国教科文组织的主持下，于 1974 年生效的世界性图书公约（修订后）。截至 1990 年，参加国达到了 84 个。公约规定：双国籍国民待遇，即如果作者为一成员国国民，无论其作品在哪个国家出版，或者如作品首次在一成员国出版，不论作者为哪国国民，在其他成员国中均享有各成员国给予其本国国民的作品的同等保护；著作权保护的特别手续，作者或著作权所有人授权出版的作品所有各册，自出版之日起，须在版权栏内醒目的地方标有符号，注明著作权所有人的姓名、初版年份。只要履行了上述手续，就认为已履行了成员国国内法规定的手续，在所有成员国受到公约的保护；独立保护，即一成员国的作品，在另一成员国依该国法律受到保护，不受作品在其本国的保护条件的约束；给予发展中国家作品翻译和复制权的"优惠待遇"，在发展中国家，为教学和学术研究目的，可在作品出版一至七年后，申请发给翻译和复制强制许可证，出版他人有版权的作品。① 澳大利亚加入《世界版权公约》后，将极大地鼓励国内作者的创作，不仅有利于激发国内作者的创作激情，更有利于读者的广泛阅读，更加有利于澳大利亚文化与世界文化的交流与融合。

2005 年，澳大利亚政府予颁布自由贸易协议（Free Trade Agreement），对图书实行免税制，但进口图书需要缴纳 10% 的商品及服务税（Goods and Services Tax）。商品及服务税由图书进口方支付给澳大利亚海关，并最终由消费者承担。有关学校课程的教育类图书不必缴纳商品及服务税。另外，自由贸易协议将知识产权的保护年限从 50 年延至 70 年。通过该条法令可以看出，一方面澳大利亚鼓励关于学校教育类图书的发展，另一方面，对知识产权的保护力度也更加强大。这种种措施对于实现图书市场的快速流通，知识的有益传播有着积极的促进作用。

2013 年，澳大利亚颁布了《土著扫盲倡议》，图书馆界还成立了"土著扫盲基金会（Indigenous Literacy Foundation）"，致力于提高非常偏远的土著居民和托雷斯海峡岛民社区的文化水平，向偏远地区的土著学生提供阅读支持，减少澳大利亚不同地区学生阅读能力的差距。该项决议的颁布，有利于提高土著居民的文化水平，一方面提高成年人的阅读能力，帮助其减少因社会快速发展而造成的疏

---

① 邹瑜. 法学大辞典［M］. 北京：中国政法大学出版社，1991 年 12 月。

离感，帮助其更好地融入社会，另一方面，帮助土著儿童从小培养阅读技能，从年轻一代上克服这种文化差异。

第四节 澳大利亚主要阅读推广活动

针对儿童，澳大利亚推出一系列阅读推广计划。比如"来吧读书"（Let's Read）计划，旨在促进儿童的阅读识字能力。"Read 4 Life"计划，旨在培养儿童对阅读重要性的认知与了解，帮助儿童建立起积极的阅读行为模式，提高孩子们的语言与听力技巧，培养儿童阅读技能。"First 5 Forever"全民家庭扫盲计划，旨在为儿童提供优秀的语言和扫盲环境。"小星星阅读俱乐部计划（Little Stars Reading Club Programs）"，旨在发展儿童早期识字技能。早期儿童的识字读写基础和学习能力对其未来的有着十分重大的影响，促进儿童识字和扫盲，培养其终身学习能力是澳大利亚儿童阅读推广服务的重要目标。

值得一提的是"来吧读书"活动。它是在澳大利亚全国广泛开展的儿童阅读推广活动，该活动以社区为单位，通过鼓励和指导家庭阅读进行学龄前儿童阅读推广。这一活动鼓励父母享受与年幼的孩子阅读的乐趣，通过阅读来培养孩子认识字母和听音辨词的能力，而这些技能都将为孩子日后在学校中学习读写打下基础。"来吧读书"活动已经在澳大利亚的七个洲共计100个社区开展，活动已经覆盖了20万澳大利亚儿童和家庭。在开展活动之前，由每个社区的活动发起者成立社区督导委员会并举行会议，以明确委员会的职责、统计社区不同年龄段学龄前儿童的人数和家庭情况等基本情况，然后向组织者提出申请，申请通过后即可获得组织者提供的资料包，资料包中包含推荐阅读的书籍和阅读指南。其中书籍部分是由一个独立委员会所精选的，委员会由教师、澳大利亚各儿童文学委员会的工作人员等组成。除了获取资料包外，委员会还负责训练社区的专业阅读推广指导人员，训练资料也由活动组织者通过邮件发送给社区负责人。最后，社区负责人即可依照网站的指导并在专业阅读推广指导人员的协助下展开儿童阅读推广活动。

针对特殊儿童，澳大利亚图书馆关注特殊儿童群体，致力于为社会上的儿童提供包容性图书馆服务。澳大利亚的布里班斯市图书馆的举办"社会故事"（Society Story）专题活动，为自闭症儿童和家长提供活动交流的空间。"社会故事"活动由一组描述新情况或技能的短篇故事组成，帮助自闭症谱系的孩子了解去图书馆的时候应该干什么，它教会孩子们如何在新的环境下正确地对待自己的行为。社会故事的编写用自闭症孩子易于表达的方式，讲述孩子应该在哪里、什么时候、和谁一起活动，孩子应该如何表现以及为什么。虽然社会故事是为自闭症儿童设计的，但是任何有困难、适应新情况或管理他们行为的人都可以使用。

针对青少年，澳大利亚有"假期阅读计划"，假期阅读计划是澳大利亚图书馆每年在假期时间开展的阅读训练营活动。澳大利亚每年的暑假期间，青少年和儿童会有足够的时间参加图书馆的活动，澳大利亚的各市图书馆也抓住暑假这一时期开展了一系列的阅读推广活动，形式以暑期阅读俱乐部为主。这些暑期阅读俱乐部会设置一些课程，以适应不同年龄段的青少年，孩子们在图书馆员的指导下，结合专业书籍，运用图书馆提供的工具，制作出一系列的手工艺品。这类益智类课堂形式的推广，充满了趣味性，不仅培养了青少年的动手能力，还激发了青少年对于科学的兴趣，从而促进青少年阅读书籍的渴望，达到阅读推广的目的。

针对成年人，澳大利亚推出"国家阅读年"（National Year of Reading）活动，即将某年度确定为阅读主题年，在相关部门的组织下，集中开展一些全国范围内的阅读推广活动。比如澳大利亚图书馆与信息协会、维多利亚公共图书馆、澳大利亚地区首都图书馆等等。"国家阅读年"的活动构想源于 2009 在澳大利亚图书馆与信息协会的公共图书馆峰会，会上图书馆界人士讨论通过了开展国家阅读年活动的决定。自此，开展国家阅读年活动的思想逐渐扩展到作者、出版社、教师、学校图书馆员、书商、媒体组织、政府以及公司合作者。"国家阅读年"活动全年共组织了 4000 多次活动，有 12000 位在线追随者，20 万人参加了活动，在澳大利亚全国范围内极大地激发了阅读热情。"国家阅读年"活动采用全国性的阅读推广活动与各地公共图书馆自定阅读推广活动相结合的方式，来开展阅读推广活动，包括全民阅读、驻地作家、阅读一小时、加入当地图书馆。此外，澳大利亚举办"国际图书博览会"活动：该活动起源于 1999 年，由澳大利亚出版商协会主办，是亚太地区版权贸易型书展，侧重本国出版物。该书展的目的是培养读者的阅读兴趣，促进多元文化交流，以起到启迪民众思想，引领社会进步的作用。

　　针对老年人，推出"儿童故事中体悟人生"老年人阅读活动。老年人通常会面临心理健康和孤独问题，有鉴于此，澳大利亚堪培拉大学鲁·里斯图书档案（Lu Rees Archives）的工作人员推出了针对老年人的"儿童故事中体悟人生"活动，组织堪培拉老年人服务社区（Kangara Waters and Cavalry Retirement Communities）的老年人阅读鲁·里斯图书档案中的儿童图书并交流感悟。鲁·里斯图书档案中共包括近20000本儿童图书，在每期活动中由项目负责人向社区提供35本图书以供活动使用。该活动的宗旨是通过参与读书活动提升社区居民对幸福的认知，增强社会参与感。根据这一宗旨，每期读书活动都有不同的主题。每次活动根据本期主题选择相应的图书，并使参与者通过阅读、朗读、观看录像和电影等方式了解图书内容，并交流读书心得和感悟，在一年的时间里共举行了十八期读书活动，其中第一期项目的主题为"为年长者准备的故事：通过儿童文学看精神刺激、自我反思和回忆、社会交往和个人幸福"。

后　记

　　中国图书馆学会在编撰第一辑至第四辑阅读推广人系列教材的基础上，计划继续编辑出版后续教材。为做好相关工作，中国图书馆学会阅读推广委员于 2017 年 12 月 7 日至 9 日在佛山市图书馆召开"阅读推广人系列教材"主编会议。阅读推广人系列教材总主编王余光教授、李东来馆长和各册主编均参加了此次筹备会议。本书《国外图书馆阅读推广》的选题和大纲也是在此次会议上确定和商讨通过的。

　　2018 年初，筛选北京大学图书馆、北京大学信息管理系师生，组成了编写小组，对该书的大纲进行了讨论和修订，并细化了分工。经过一年多的写作，于 2019 年 7 月完成初稿，后经两次统稿、修订，2019 年 9 月形成定稿。本书稿的完成离不开每一位参与者的付出，写作过程中王玮和刘悦先后到加拿大、美国进行学习，这为获取一手资料和经验提供了便利的条件，同时在沟通、统稿方面她们也克服了各种困难，为本书的出版贡献力量。

　　各讲作者参与情况如下：第一讲国外阅读推广概述：张慧丽（北京大学图书馆）；第二讲美国阅读推广和第三讲加拿大阅读推广：王玮（北京大学信息管理系）；第四讲英国阅读推广和第五讲德国阅读推广：李世娟、张影（北京大学信息管理系）；第六讲新加坡阅读推广、第七讲日本阅读推广、第八讲韩国阅读推广和第九讲澳大利亚阅读推广：刘悦（北京大学信息管理系）。

　　本册书稿编写期间，得到了中国图书馆学会阅读推广委员会同仁的诸多指导，以及朝华出版社的编辑老师对书稿后期编辑提出的诸多建议，在此一并致谢。

李世娟

2020 年 4 月 2 日

于北京大学燕北园